Usos de la Teoría en la Narrativa Española del Siglo XXI

Diseño de portada y maquetación: Enrique Salvo Lizalde
Imprime: gambón
Virgen del Buen Acuerdo, 48 (P. I. Alcalde Caballero)
50014 – Zaragoza   www.gambon.es

ISBN: 978-84-123542-9-4
Depósito legal: Z 1062-2023

Ediciones Universidad San Jorge
Campus universitario Villanueva de Gállego
Autovía A-23 Zaragoza-Huesca, km 299
50830, Villanueva de Gállego (Zaragoza) – Tel.: 976 060 100
ediciones@usj.es   cultura.usj.es   www.usj.es

Este libro ha sido financiado por el proyecto I+D+i Usos de la Teoría en la literatura y el cine españoles del siglo XXI (PID2019-108841GB-I00/AEI/ /10.13039/501100011033) otorgado por el Ministerio de Ciencia e Innovación.

Esta editorial es miembro de la UNE, lo que garantiza la difusión y comercialización de sus publicaciones a nivel nacional e internacional.

David Viñas Piquer

USOS DE LA TEORÍA EN LA NARRATIVA ESPAÑOLA DEL SIGLO XXI

Índice

«Y es que la teoría está ahí, a la vista, en la escritura»
Túa Blesa, *Logofagias. Los trazos del silencio*

1. ¿Qué Teoría?

Quienes frecuentan la literatura española del siglo XXI seguramente habrán notado la aparición de muchas obras que se encuentran de un modo u otro atravesadas por la Teoría. Se trata de un fenómeno interesante que se manifiesta de formas distintas y, por lo tanto, puede trazarse una tipología que muestre cuál ha sido el trayecto recorrido hasta el momento, cómo ha ido usándose la Teoría en la ficción literaria. Sin embargo, hablar de los usos de la Teoría requiere explicar antes qué Teoría exactamente se está usando. Dado que vamos a movernos en un campo específicamente literario, lo lógico sería pensar que es la teoría de la literatura la que está siendo usada por escritores en la actualidad, pero lo cierto es que esta sospecha *es* y *no es* acertada a la vez.

Conviene recordar que una primera tarea evidente de la teoría literaria consiste en definir los principios generales y las categorías de lo literario, lo que otorga a la disciplina un carácter *propedéutico,* preparatorio en relación con los estudios literarios. Sin embargo, la interdisciplinariedad característica del ámbito de las humanidades y, sobre todo, la estrecha relación que existe entre la teoría literaria y el comparatismo hacen que la actividad teórica no quede circunscrita en este caso a lo literario, sino que se abra a la relación de la literatura con otras artes y también con otras disciplinas, entre las que se encuentran la estética, la lingüística, la filosofía, la historia, la antropología, la sociología, etc., de manera que la confluencia enriquecedora de planteamientos procedentes de diversos campos de estudio queda asegurada.

Ya en la definición que ofrecía Alfonso Reyes de la teoría literaria se apreciaban tanto la naturaleza abstracta de la disciplina como su pulsión interdisciplinar, pues se la mostraba como una abstracción y a la vez como «una descripción metódica y organizada de los fenómenos más generales de la literatura, en relación con las disciplinas más cercanas» (2009: 231). Este carácter interdisciplinar hace que la teoría literaria transcienda la función propedéutica que tradicionalmente se le había conferido como vía explicativa del funcionamiento del sistema literario y muestre una gran operatividad para interpretar distintas prácticas discursivas, con lo cual se acerca claramente al espíritu de la Teoría de tradición anglosajona que empezó a proliferar en las universidades norteamericanas de los años 70 y 80 del siglo XX. Richard Rorty describió aquella situación y, partiendo de esa descripción, Jonathan Culler se refirió luego a la Teoría *(Theory)* como un nuevo género que dio paso a «una serie no articulada de escritos sobre absolutamente cualquier tema» y cuyas propuestas se han revelado muy sugerentes y útiles para reflexionar sobre distintos ámbitos del saber (2014: 14). Esta Teoría incluye obras de antropología, filosofía, historia del arte, lingüística, historia de las ideas, sociología, psicoanálisis, teoría política, filosofía de la ciencia, crítica literaria, etc., y es precisamente esta amalgama de discursos –auténtico «desafío a las divisiones disciplinares tradicionales», como hacen notar Fernando Cabo y María do Cebreiro

(2006: 20)– la que invita a escribir Teoría con una mayúscula que ilustre la ambición aglutinadora del género al que se refería ya Culler.

Por otra parte, es importante destacar que esta Teoría propone una mirada renovadora que lleva incluso a cuestionar lo que, dentro de cada disciplina, se había considerado siempre incuestionable. En este sentido, es fácil escuchar la resonancia de los trabajos de Roland Barthes, que fue precisamente una de las grandes figuras de la Teoría y supo nadar a contracorriente con gran eficacia. Su cruzada particular contra los mitos, entendidos como relatos inventados que alguien trata de hacer pasar por verdad absoluta, es una clara prueba de ello. En *Mitologías,* Barthes animaba a ponerse en guardia frente a los discursos míticos, a relativizarlos, y a demostrar que a menudo muestran falsas evidencias y quieren hacer pasar por natural lo que es puro artificio ideológico. Frente a tantas ideologías arrogantes, Barthes proponía cultivar la incertidumbre, convertirse en mitólogo y desmontar las falsas coartadas en las que se apoyan las opiniones dominantes. Construía sus discursos a partir de la lucha dialéctica entre estos dos términos: «la opinión común y su contrario» (Barthes, 2004: 94). Frente a la Doxa, la paradoja. Desde su punto de vista, una auténtica operación crítica tenía que consistir en sacar a la luz los artificios ideológicos estratégicamente ocultos detrás de ciertas prácticas discursivas y terminar así con su invisibilidad. Su diagnóstico al respecto era muy claro:

> La Doxa es la opinión corriente, el sentido repetido, *como si nada.* Es Medusa: la que petrifica a los que miran. Ello quiere decir que *es evidente.* Pero ¿la vemos? Ni siquiera: es una masa gelatinosa pegada en el fondo de la retina (2004: 164).

Lo que con esta imagen tan impactante se denuncia (una masa gelatinosa pegada en el fondo de la retina) es la opresión de la Doxa, pero también la actitud acrítica de quien la repite por pura inercia, sin tomarse la molestia de revisarla. Barthes quería evitar una consumición ingenua del mito y por eso proponía acercarse con cautela a cualquier discurso para tratar de ver desde qué ideología había sido configurado y qué mensaje quería vehicular. Buscando fugas, deslizamientos, patinazos, lograba detectar la impostura y desenmascararla. En la Doxa funciona un operador secreto del tipo «como es obvio…» y Barthes cuestionaba esa obviedad y, en el momento más oportuno, activaba el «operador lógico» de la paradoja, que podría ilustrase con la expresión *en realidad.* Dicen que esto es obvio, pero *en realidad…* Ahí empezaba el trabajo del mitólogo. Así actuaba Barthes y así actúa la Teoría más reciente, cuya tarea principal es, según Culler, «la demostración de que todo lo que se ha pensado o declarado como *natural* es en realidad un producto histórico y cultural» (2014: 25).

Cuando las opiniones tradicionales se repiten por pura inercia y van sedimentándose sin aceptar ser revisadas, la Teoría detecta inmediatamente un peligro y trata de agitar conciencias para provocar reacciones. En una entrevista publicada en un libro titulado precisamente *La Teoría,* Pierre Bourdieu denunciaba con firmeza a quienes intentaban que sus ideas se impusieran por la fuerza de la costumbre: «A fuerza de saber demasiado bien lo que hay que pensar, se acaba por dispensarse de pensar». Añadía luego el sociólogo francés:

> La virtud propia de una reflexión realmente comprometida en una práctica científica consiste en reactivar o reanimar problemas que teorías momificadas o fosilizadas prohíben plantear, las más de las veces fingiendo haberlos resuelto o incluso únicamente haberlos planteado (1971: 23).

La Teoría muestra en este sentido su verdadero carácter científico, pero también su dimensión política, comprometida con la sociedad para la que habla. Cuestionando y haciendo aflorar las ideologías encubiertas bajo cierta manera de tratar con la literatura y el arte, por ejemplo, contribuye decisivamente a que se consolide esa condición posmoderna de la que hablaba Jean-François Lyotard, caracterizada por la desconfianza en los grandes relatos que tradicionalmente han llevado la voz cantante en la cultura occidental. De hecho, Lyotard destacó siempre la dimensión política de la Teoría con afirmaciones de este tipo:

> [...] creo que la función de la teoría no es únicamente la de comprender, sino también la de criticar. Es decir, la de contestar, la de dar la vuelta a una realidad, a las relaciones sociales, a las relaciones del hombre con las cosas y con los demás [...] (1971: 73).

Está claro que, así concebida, la Teoría adquiere una dimensión polémica, militante, de crítica de las ideologías, con un punto de «terrorismo intelectual», como recordaba Antoine Compagnon (2015: 13), y deja de ser tan solo una comprensión para convertirse también en una acción sobre el mundo.

Ya el verbo griego *theorein,* de donde proviene Teoría, significaba 'observar', 'mirar', así que plantearse qué tipo de mirada es la más conveniente en cada momento es una consecuencia lógica del desplazamiento que con el tiempo se produjo desde el significado original de la simple percepción a la intelección. Ya no se trataba solo de mirar, sino de mirar atentamente para captar lo más sustancial de cualquier fenómeno que se observase y llevar a cabo este gesto a través de una mirada libre de prejuicios, capaz de convertirse en un *contra-discurso* que se atreviera a cuestionar las premisas tradicionales (Compagnon, 2015: 17). Esta mirada analítica y especulativa, que ha de ir acompañada de un espíritu crítico y a veces casi activista, es la que la Teoría proyecta sobre sus objetos de interés.

Si queremos conocer esos objetos de estudio, debemos tener en cuenta que la dimensión multifacética de la Teoría da paso a una constelación temática muy variada, con la que se intentan abordar distintos aspectos de la cultura. Terry Eagleton enumeró algunos de los temas principales con los que, en su opinión, esta teoría cultural venía a enriquecer el izquierdismo político: «el arte, el placer, el género, el poder, la sexualidad, el lenguaje, la locura, el deseo, la espiritualidad, la familia, el cuerpo, el ecosistema, el inconsciente, la etnia, el estilo, la hegemonía» (2005: 42). La lista podría continuar, por supuesto, pero no es necesario porque ya se ve que solo una combinación de distintos saberes puede cubrir tantos frentes y de ahí que la Teoría sea a la fuerza esencialmente heterogénea. En este sentido, hay que contar también con que muchas veces el eclecticismo se encuentra ya en el seno de la obra de un mismo autor. Jaques Lacan, por ejemplo, no es solo una figura clave del psicoanálisis, donde lleva a cabo una revisión fundamental del pensamiento de Freud, sino que sus reflexiones invocan continuamente ideas que proceden de la lingüística, la filosofía, las matemáticas o la antropología. Y qué decir de Foucault.

Recordando lo que supuso el despegue de la Teoría en los años 60 del siglo xx, Edward Said celebraba precisamente la apuesta que se hacía por el recorrido transversal para «atravesar las fronteras de la especialización» y pensaba que, bien conducida, esa nueva situación podría derivar en un enfoque general del funcionamiento de la cultura. Escribía exactamente Said:

> La teoría se proponía a sí misma como una síntesis que invalidaba los mezquinos feudos en que se compartimentaba la producción intelectual, y como consecuencia de ello había de esperarse de forma manifiesta que todos los dominios de la actividad humana pudieran contemplarse, y vivirse, como una unidad (2004: 14).

La apuesta por la transversalidad lleva a plantear una actividad teórica de perfil genérico, plural, y esto plantea un evidente peligro de dispersión y, a la vez, puede generar la angustia de sentir que es imposible llegar a dominar ese «muestrario inconexo de escritos que crece sin cesar» (Culler, 2014: 26). Sin embargo, ya advertía Roland Barthes en un artículo de 1972 que la interdisciplinaridad no podía consistir en «yuxtaponer disciplinas diferentes», sino «en destruir dialécticamente cada disciplina establecida en beneficio de una disciplina inaudita» (2022: 86). En cierto modo, la Teoría es esa disciplina inaudita entrevista por Barthes. Y, si se logra darle un sentido unitario, sin duda es posible encontrar en ella nuevas formas de reflexión que nos ayuden a convivir mejor con las inquietudes y preguntas que surgen en estos tiempos posmodernos. En este sentido, las líneas de investigación que se abren desde los estudios culturales, el poscolonialismo, los estudios de género o los estudios étnicos plantean nuevos retos que intentan abordarse desde la Teoría.

Si pensamos en los grandes nombres de la Teoría, es evidente que, sobre todo desde la segunda mitad del siglo xx, se observa que las propuestas de autores como Mijaíl Bajtín, Roland Barthes, Raymond Williams, Louis Althusser, Julia Kristeva, Jacques Derrida, Michel Foucault, Jacques Lacan, Pierre Bourdieu, Gilles Deleuze, Edward Said, Gayatri Spivak, etc. aparecen una y otra vez en trabajos vinculados a distintas disciplinas, y el reencuentro continuado con todos estos nombres –muchos de los cuales están vinculados al momento en que la teoría francesa se encontró «a la vanguardia de los estudios literarios en el mundo» (Compagnon, 2015: 10)– ha llevado a pensar intuitivamente en la Teoría como espacio de encuentro de textos muy diversos, textos que contienen reflexiones tan sugerentes que encuentran fácil acomodo en los campos de estudio más variados. Esta apropiación de la tradición teórica por parte de distintas disciplinas muestra por encima de todo la capacidad seductora de la Teoría y su adaptabilidad. No se trata de la atracción hacia una metodología concreta, puesto que no existe, sino de la atracción que ejerce la mezcla de saberes esencial en la actividad teórica, así como su propuesta revisionista de planteamientos cosificados y su invitación a avanzar en la investigación de cualquier fenómeno dejándose guiar no por la ambición de llegar a instalarse algún día en la verdad, sino por la esperanza de aprender a gestionar la incertidumbre. El formalista ruso Boris Eichenbaum lo dejó escrito con mucho acierto: «No existe ciencia acabada, la ciencia vive venciendo errores y no estableciendo verdades» (1980: 22). Años después Roland Barthes insistía: la Teoría es un discurso «en estado de prórroga permanente» (1971: 9). De hecho, es a Barthes a quien debemos una de las definiciones más completas que se puede ofrecer de la Teoría:

> «Teoría» quiere decir descripción, producción pluricientífica, discurso responsable, que dirige su mirada hacia el perfil infinito de un problema y acepta ponerse a sí mismo en duda como discurso de la cientificidad (2022: 85).

Claude Lévi-Strauss decía que la necesidad del impulso teórico reaparecía periódicamente en el desarrollo de una disciplina o campo intelectual (1971: 64), y lo que ahora se observa es que ese impulso trata de satisfacerse en distintas disciplinas aprovechando el efecto estimulante de un conjunto de escritos que, pese a ser muy heterogéneos, funcionan perfectamente como fundamentos de una teoría de la cultura de carácter general. Cada una de estas disciplinas tiene sus peculiaridades, sus intereses, sus objetos de estudio específicos, pero en todas se manifiesta cada vez con más fuerza la voluntad de abordar las temáticas de su interés desde presupuestos teóricos planteados por las grandes figuras de la Teoría. Según Terry Eagleton, lo que se intenta es desarrollar las ideas originales, ampliarlas, criticarlas y aplicarlas, pero lo cierto es que, de momento, no ha surgido nada parecido a la brillantez de la alta Teoría que se desarrolló entre los años 60 y 80 del siglo XX, y más bien habría que hablar, como ya se viene haciendo, de una *posteoría,* en referencia a una especie de secuela intelectual que en gran medida sigue viviendo del pasado (Eagleton, 2005: 13-14). En este sentido, Antoine Compagnon hablaba de un cierto «estancamiento» en el avance de la Teoría, y recordaba con nostalgia la época dorada que tuvo la actividad teórica, especialmente en Francia:

> Hacia 1970, la teoría literaria se encontraba en pleno auge y ejercía un inmenso atractivo en los jóvenes de mi generación. Con diversas denominaciones –*nueva crítica, poética, estructuralismo, narratología*– brillaba con luz propia. Cualquiera que haya vivido aquellos mágicos años lo recordará con nostalgia. Una poderosa corriente nos arrastraba a todos. En aquella época, la imagen de los estudios literarios, apoyada por la teoría, era seductora, persuasiva, gloriosa (2015: 11).

Tras el recuerdo, llega el lamento: «Las cosas ya no son exactamente iguales», asegura Compagnon, y se refiere a que esa Teoría que había venido a revolucionar el sistema de los estudios tradicionales había acabado siendo absorbida por ese mismo sistema, se había institucionalizado, se había convertido en un método o una técnica pedagógica más (2015: 11). Sea como sea, parece evidente que el legado que forman las grandes ideas nacidas durante los «años salvajes de la teoría», como los llamó Manuel Asensi (2006), se ha convertido ahora en el punto de partida de la investigación en distintos campos. El estudio de las obras literarias no es en absoluto ajeno a esta situación y por eso ya resulta prácticamente inconcebible plantear una teoría de la literatura al margen no solo de los presupuestos tradicionalmente desarrollados en el seno de esta disciplina, sino también al margen de los planteamientos surgidos en el campo más general de la Teoría. Dicho con toda claridad: estos planteamientos han pasado a formar parte del repertorio con el que se trabaja en la teoría literaria y por eso esta disciplina está convirtiéndose cada vez más en «una forma extremadamente general de crítica de la cultura» (Cabo y Do Cebreiro, 2006: 31).

Pero ha ocurrido además algo que añade interés al contexto actual, y es que la seducción de la Teoría ha hecho su efecto no solo en distintas disciplinas humanísticas y científicas, sino también en muchas obras de creación, hasta el punto de que puede decirse que, igual que existe una teoría de la literatura, empieza a ser evidente que existe una literatura de la Teoría.

2. Antecedentes

La presencia cada vez más acusada de la Teoría en las obras literarias supone un fenómeno que merece sin duda un análisis en profundidad, pero habría que empezar reconociendo que no se trata de una tendencia completamente nueva porque existen antecedentes muy claros. Como en tantas otras cuestiones, podríamos remontarnos al *Quijote,* por supuesto, y también a novelas como el *Tristram Shandy,* de Sterne, o *Jacques le fataliste,* de Diderot, donde las sorprendentes maniobras de control autorial dotan al texto de una cierta dimensión teórica. Tampoco podemos olvidar que Friedrich Schlegel afirmaba ya a finales del siglo XVIII en su *Diálogo sobre la poesía* que la novela era mucho más que un género literario porque en ella se fundían todos los géneros y todas las disciplinas, incluidas la teoría y la crítica literarias. La reunión en un mismo espacio discursivo de todos los géneros literarios y de todas las formas de escritura y de pensamiento en general era la esencia de lo que Schlegel denominaba «poesía trascendental», una utopía que tendría que llegar en el futuro y de la que, por el momento, la novela podía ser su anuncio. Estas ideas de Schlegel sugieren que la crítica y la teoría literarias no son algo externo a la obra, sino que forman parte esencial de ella. Desde este punto de vista, la autorreflexividad sería una característica del texto literario, hasta el punto de que «sin el discurso crítico, le faltaría un elemento clave para su propia constitución», como afirma Manuel Asensi (1998: 356).

Por otra parte, el hecho de que Schlegel piense que no «se puede hablar de poesía sino poéticamente» (1983: 61) y por eso decida reflexionar sobre la poesía a través de un diálogo, es decir, acogiéndose a una forma artística, revela una característica interesante de la crítica romántica que ya destacó en su momento Walter Benjamin: la tendencia a hacer de la obra crítica una obra de arte. Es interesante lo que escribe Paolo D'Angelo al respecto:

> [...] el primer romanticismo no sólo plantea la superación de las diferencias entre los distintos géneros de la literatura creativa –llamémosla así–, sino también la demolición de la barrera que separa la *poesía* de la *crítica,* el arte del discurso sobre el arte, la literatura de la teoría de la literatura (1999: 206-207).

La apuesta por esta eliminación de fronteras entre la creación artística y la reflexión sobre ella dio paso a una especie de «crítica creadora», como la denominó René Wellek (1973: 18), una tendencia que sigue defendiéndose en nuestros días para lograr que la crítica y la teoría literarias dejen de existir solo dentro del circuito cerrado del mundo académico y encuentren lectores más allá de él. En definitiva, este tipo de crítica da paso a una escritura que muestra una clara intención creativa y, como afirma Vicente Luis Mora, persigue el propósito «de renovar los estudios literarios, orientándolos a un público más amplio» (Mora, 2018). Vicente Luis Mora no olvida que esta tendencia hunde sus raíces en el primer Romanticismo, pero entiende que en nuestra época ha tomado mayor conciencia de sí misma y de su sentido último como reacción contra un academicismo excesivamente endogámico.

Un importante componente creativo estuvo también en la base de la crítica impresionista de la segunda mitad del siglo XIX, que fue sobre todo la crítica vinculada a periódicos y revistas de la época. Parece que fue Jules Lemaître quien aplicó el término «impresionismo» a la crítica literaria, tomándolo del ámbito de la pintura. La idea principal consistió en destacar la importancia de las impresiones subjetivas del crítico, pero también existía una clara voluntad de oponerse a la crítica erudita del mundo académico. La mayoría de críticos impresionistas fueron escritores que se consideraban a sí mismos críticos-creadores porque les parecía que solo un artista podía juzgar la obra de otro artista. Para ellos, las obras de arte tenían que ser valoradas solo desde el talento y la sensibilidad de un creador, y no desde el conocimiento erudito, lo que explica por qué entendían que el discurso crítico era también un discurso artístico. Teorizar con pretensiones científicas no iba con ellos. Además, su presencia en la prensa los obligaba a convertirse en mediadores entre la obra y el lector y, por tanto, a utilizar un lenguaje claro, alejado de academicismos. El proyecto de «crítica popular» que propuso Clarín desde los artículos de *Mezclilla* (1889) es un buen ejemplo de esto. Clarín sabía que si se quiere popularizar la literatura y lograr que la gente se interese por los libros hay que prescindir del aparato científico y adecuar los comentarios al nivel de inteligencia de un público medio no erudito. En otras palabras, hay que prescindir «de los pormenores didácticos, de las trascendencias sociológicas y filosóficas que exceden de la probable inteligencia de los lectores no preparados para tales estudios especiales» (Clarín, 1987: 45). Si a este convencimiento añadimos la idea de que lo importante no es que el crítico sea un erudito, sino que sea «un poco poeta por dentro» (1987: 41), ya tenemos la esencia de la crítica creativa a la que antes nos referíamos.

En el trayecto que lleva a acercar cada vez más el discurso teórico-crítico al discurso literario hay que recordar que, después de los románticos, los poetas simbolistas tomaron una posición frente al lenguaje que los llevó a profundizar en la tendencia marcada por sus predecesores, pues consideraron que la lengua poética no tenía como misión designar el mundo, sino designarse a sí misma. Surgió así una concepción *autotélica* de la poesía que sin duda favoreció la reflexión sobre los mecanismos de la artesanía poética y dio resultados muy destacables, sobre todo en poemas de Baudelaire, Rimbaud, Mallarmé y Paul Valéry. La teoría se expresaba en el poema mismo, en un interesante gesto autorreflexivo que hacía que el discurso final se situara a medio camino entre lo poético y lo teórico. Como oportunamente afirma Sultana Wahnón Bensusan, «si el impresionismo quería que la crítica fuera arte», los poetas simbolistas quieren «que el arte sea crítica» (1991: 67).

Todos estos precedentes explican que a principios del siglo XX el formalismo ruso situara su foco de atención sobre ciertas obras que ilustraban claramente una idea de la literatura en la que la manipulación artística, la creatividad, pasaba a primer término.

En una primera fase, los formalistas centraron sus reflexiones en la noción de *recurso* o *procedimiento,* y concibieron la obra literaria como la suma total de sus procedimientos constructivos. No es que quisieran dejar de lado los aspectos temáticos en sus investigaciones, sino que se proponían divulgar una nueva idea de lo que había que entender por *forma.* Para ellos, la forma incorporaba tanto un material temático como los procedimientos constructivos destinados a moldear ese material para obtener un resultado artístico. De este modo, lograban llamar la atención sobre el dinamismo de la creación artística y se apartaban de la separación tradicional entre *fondo* y *forma.* La noción de *procedimiento* asumía un gran protagonismo en este contexto porque las obras artísticas pasaban a ser vistas, fundamentalmente, como construcciones, y la tan traída y llevada inspiración quedaba así fuera de juego. El manifiesto que Víktor Shklovski publicó en 1917 tenía un título muy elocuente al respecto: *El arte como artificio.* Si la literatura, el arte de la palabra, era sobre todo una construcción artística, el escritor dejaba de ser un genio inspirado y pasaba a convertirse en alguien que, sencillamente, dominaba las técnicas de su oficio, como cualquier artesano.

Esta idea de la creación literaria hizo que el formalismo valorara especialmente aquellas obras en las que se producía el desvelamiento consciente de los recursos empleados, pues resultaban muy originales comparadas con las que seguían caminos más convencionales, ajustándose todavía a la poética de la mímesis realista. Para los formalistas, las obras que lograban destruir el efecto de ilusión de realidad y mostraban ostentosamente su condición ficcional ponían de manifiesto una propiedad muy interesante del discurso literario: su autorreflexividad. La capacidad de la obra literaria para replegarse sobre sí misma y hablar de cómo se está haciendo mientras se está haciendo es un gesto claramente narcisista, y no es extraño que precisamente uno de los grandes estudios sobre esta cuestión se titule *Narcissistic Narrative. The Metaficcional Paradox,* escrito por Linda Hutcheon y publicado en 1984. Con el tiempo, los teóricos utilizarán varios conceptos para referirse a esta maniobra, pero el de más éxito fue sin duda *metaficción,* utilizado por primera vez en 1970 por el crítico y novelista norteamericano William H. Gass para indicar que la ficción hablaba de sí misma y desde su interior (Orejas, 2003: 30).

3. La metaficción

Roman Jakobson había hablado de la función metalingüística para referirse al uso que hacemos del lenguaje para hablar del lenguaje, y la metaliteratura se convierte en el equivalente de esta función lingüística en el ámbito literario, pues permite la reflexión sobre la literatura en el interior mismo de la obra literaria. De hecho, la formulación que hizo Jakobson de la función poética lo dejaba muy claro, pues venía a decir que, a través de distintas formas de recurrencia (a nivel fonético, léxico o sintáctico), el texto literario remite a sí mismo, llama la atención sobre sus aspectos configurativos, sobre su construcción. Es la función poética la que le hace decir: soy un texto literario. Más aún: soy un texto literario y he sido construido así. La *literariedad* del texto es entonces lo que queda subrayado. Lo que pasa a importar no es ya lo que pueda contar o no una obra literaria, sino que se cuente a sí misma, que muestre los recursos con los que se la ha construido.

Como ha explicado Domingo Ródenas, con el tiempo «la novela autotélica, ensimismada, autotemática…, en fin, la novela ensoberbecida constituyó la más ostensible retórica del Posmodernismo literario», y el ademán autorreferencial pasó a ser visto como un signo esencialmente posmoderno (1998: 12). Sin embargo, este mismo crítico hace una importante advertencia:

> La recusación de la mímesis realista y la tematización de los procesos constructivos no eran, ni mucho menos, novedades posmodernas, sino rasgos de carácter de un vasto movimiento internacional extendido desde las postrimerías del siglo XIX y a lo largo del primer tercio del siglo XX, el Modernismo (Ródenas, 1998: 12).

En realidad, la autorreferencialidad literaria puede localizarse ya en textos de la Antigüedad grecolatina, de la Edad Media, del Renacimiento y del Barroco, aunque, como indica Josep Solervicens, que ha estudiado a fondo el tema en estas dos últimas etapas, las técnicas usadas y las funciones que se les asignan no son homologables en todas las épocas y hay que plantear una reflexión metodológica que permita analizar las especificidades de la metaficción en cada caso (2018: 10). Lo verdaderamente destacable en el siglo XX es, pues, la frecuencia con la que la metaficción es representada, signo inequívoco de una autoconsciencia que se manifiesta cada vez de forma más evidente en distintos ámbitos: en la ciencia, en el arte, en la filosofía, etc. De hecho, tanto la biología como la sociología han hablado del principio autorreferencial como de algo que forma parte de la esencia del ser humano, y no podemos olvidar que este principio no deja de reproducir el funcionamiento de la conciencia humana tal y como fue descrito por la fenomenología.

Recordemos que Franz Brentano, el maestro de Edmund Husserl, quiso demostrar que el rasgo distintivo de los hechos psíquicos, lo que permite diferenciarlos de los demás hechos naturales, es que se refieren siempre *a* algo, que están siempre apuntando *hacia* algo, que no se quedan nunca en sí mismos. A partir de esta idea, Husserl proclamó la *intencionalidad* de la conciencia, lo que significa que no es posible imaginar una conciencia vacía porque toda conciencia es intencional, es conciencia *de algo,* tiene una intención, se mueve siempre hacia un fin (Lyotard, 1989: 24). Decir que la conciencia es intencional es indicar que está abierta al mundo, que no es concebible sin su vinculación a él porque los actos de conciencia o actos intencionales son teleológicos, se dirigen hacia una meta, están siempre proyectados hacia un objeto: el objeto intencional. Pero no solo es posible dirigir la atención hacia las cosas materiales que están ahí afuera, en el exterior, sino que también podemos centrar nuestra atención en analizar qué queda de ellas en la conciencia una vez han sido percibidas. Esto implica tomar como punto de partida no ya el objeto de la realidad en sí mismo, sino la experiencia que se tiene de él, de manera que el centro de atención se desplaza claramente hacia la conciencia del sujeto. La conocida expresión de Husserl *«¡a las cosas mismas!»* se convirtió en un lema con el que quería señalarse la importancia de evitar intermediarios para dirigirse directamente a las cosas, pero no en su materialidad, no se trataba de ir a las cosas materiales que están ahí afuera, sino a sus *representaciones* en el interior de la conciencia. Con la actitud fenomenológica, la conciencia se vuelve hacia sí misma y descubre su propia *intencionalidad.* En rigor, esta actitud se basa en una especie de desdoblamiento que permite considerar tanto el contenido del fenómeno que se percibe como el hecho de estar percibiéndolo. Lo que se plantea es que puede existir no solo una reflexión sobre el fenómeno, sino también una reflexión sobre la percepción misma (Christoff, 1979: 53). Si toda conciencia es intencional, es posible detenerse tanto en aquello sobre lo que la conciencia se proyecta en cada momento concreto como en los procesos que tienen lugar en el interior de la conciencia. Esta dualidad permite que el fenomenólogo pueda seguir en su análisis lo que Husserl llama dos «direcciones descriptivas»: la descripción de los objetos intencionales *(noemática)* y la descripción de los actos intencionales *(noética).*

Si regresamos ahora al punto en el que habíamos abierto este paréntesis fenomenológico, podemos afirmar que la metaficción se ajusta a la dirección noética. Dado que la conciencia humana puede replegarse sobre sí misma para autoanalizarse, es lógico que las obras literarias hechas por una conciencia humana puedan participar de esa misma característica y el discurso se oriente hacia sí mismo para mostrarse en construcción y sacar a la luz «lo que ocurre en bambalinas», como diría Edgar Allan Poe, quien en la *Filosofía de la composición* hablaba ya, por cierto, de «los engranajes» que hacen funcionar la maquinaria de la composición artística. En el caso de la metaficción, para mostrar lo que ocurre en bambalinas existen diversos procedimientos, aunque suelen destacarse tres casos generales: la metaficción *discursiva,* la *diegética* y la *metaléptica.*

Según Domingo Ródenas, en la *metaficción discursiva* un narrador extradiegético «interviene para desbaratar la ilusión ficcional o, sencillamente, para proporcionar información sobre la poética subyacente, los artificios constructivos o las circunstancias psicológicas o espacio-temporales que concurren en la composición del texto». Por su parte, la *metaficción diegética* se caracteriza por provocar una interpretación autorreferencial de la obra usando algún recurso interno que funcione en la diégesis misma, como puede ser que el protagonista sea un escritor que reflexiona sobre su propio quehacer literario. En cuanto a la *metaficción metaléptica,* esta se caracteriza por la fractura de la frontera entre distintos niveles ontológicos «debido a la irrupción del narrador extradiegético, o del autor explícito, en el mundo de los personajes o viceversa» (Ródenas, 1998: 15). Todas estas maniobras metafictivas pueden combinarse entre sí, dando paso a casos más complejos, o incluso darse cita en una misma obra. En todo caso, vemos que con ellas se cumple perfectamente lo que subraya Juan Francisco Ferré:

> [...] la metaliteratura jugó ese papel desrealizador que desde el siglo barroco correspondía a toda representación que denuncia o reduplica creativamente su propio artificio, bien sea para atrapar mejor al lector o al espectador en la red semiótica de su creación, bien sea para provocar en él una reacción de cuestionamiento de la realidad referencial a la que el hábito inerte y los discursos dominantes le han acostumbrado a aceptar como incuestionable e incontrovertible (2011: 279-281).

Durante la segunda mitad del siglo XX aparecieron muchísimas metanovelas, tantas que el crítico Santos Sanz Villanueva llegó a denunciar los «*excesos* metafictivos» que estaban produciéndose (Orejas, 2003: 77). En el fondo, la proliferación de metanovelas venía a demostrar que el género de la novela había alcanzado un alto grado de madurez y los autores podían permitirse el lujo de prescindir del ingrediente que tradicionalmente había sido considerado la esencia de lo novelesco: contar una buena historia, con mucha acción. Las peripecias y grandes aventuras que habían sido dominantes en la historia del género perdieron protagonismo, y también el buceo en la psicología de los personajes al que se había dedicado la novela realista del siglo XIX. Se produjo entonces un cambio en el objeto de representación, que pasó a estar constituido por los procedimientos narrativos con los que se construía la obra. La necesidad de encontrar nuevas formas novelescas estaba en el ambiente y varias voces apuntaban en la misma dirección. Alain Robbe-Grillet, por ejemplo, destacaba con estas palabras la sed de renovación que sintieron los autores del *nouveau roman:*

> Después de *Les Faux Monnayeurs,* después de Joyce, después de *La Nausée,* parece que nos encaminamos cada vez más hacia una época de la ficción en que los problemas de la escritura serán considerados lúcidamente por el novelista, y en que las preocupaciones críticas, lejos de hacer estéril la creación, podrán por el contrario servirle de móvil (1973: 14).

Cuando «los problemas de la escritura» y «las preocupaciones críticas» pasan a primer término, es lógico que se asista al lucimiento de la técnica y que los ejercicios metafictivos asuman un gran protagonismo. Como famosamente señaló Jean Ricardou, lo que en esos momentos se busca es sustituir «la escritura de una aventura» por «la aventura de una escritura».

Todo apunta a que, como asegura Luis Veres, «la metaficción surge como una respuesta a cierta sensación de agotamiento» (2015: 17). Ya afirmaba Ortega y Gasset en fecha tan temprana como 1925, en el texto *Ideas sobre la novela,* que la novela estaba herida de muerte porque se había agotado su cantera temática y tendría que buscar nuevos rumbos para sobrevivir. El diagnóstico era sin duda prematuro, pero lo interesante es que Ortega creía que la «penuria de temas posibles» tenía que ser compensada «con la exquisita calidad de los demás ingredientes necesarios para integrar un cuerpo de novela» (1956: 145). De este modo, se estaba anunciando la situación descrita por René-Marie Albérès en su *Metamorfosis de la novela,* pues asegura este crítico que desde 1920 se advierte en el género novelesco una auténtica revolución, cuyos efectos se agudizaron a partir de 1950 y cuya esencia puede resumirse afirmando que «la preocupación por el contenido ha ido cediendo al afán de la forma, la escritura y la óptica de la novela» (1971: 13).

Muchos teóricos de la novela han insistido en que el objetivo último del género es «comprender la realidad humana» (Pouillon, 1970: 38; Zéraffa, 1973: 83; Amorós, 1989: 70-71) o, por decirlo con Thomas Pavel, «representar la existencia» (2005). De hecho, ya Henry James, al hablar en el prólogo a *The Portrait of a Lady* del «número incontable de posibles ventanas» que tiene «la casa de la ficción», aseguraba que esas ventanas «dan todas sobre el escenario humano» (1975: 61-62). Teniendo esto en cuenta, se entiende por qué la sustitución de este tema esencial por el gesto autorreflexivo de la metaficción desencadenó algunas reacciones de protesta. Francisco Ayala, por ejemplo, entendía que el cansancio provocado por las novelas de corte tradicional motivara la búsqueda de nuevas alternativas, pero no podía compartir que la solución encontrada pasara por renunciar al contenido humano como argumento fundamental del género. Así, en el artículo titulado «El novelista» recuerda a quienes apostaron por la metaficción y se dedicaron a «analizar y describir, no ya la realidad del vivir cotidiano, sino el proceso mismo de la creación literaria», con lo cual apareció un nuevo argumento cuyo protagonista era el propio novelista escribiendo su novela, es decir, que se tuvo «la ocurrencia de novelar la operación del novelar» (1990: 178). Ayala acepta que esta maniobra pudo contribuir en cierto modo a prolongar las constantes vitales del género novelesco, pero cree que a la vez lo vació de su sentido esencial –a saber: la «meditación inducida acerca de las cuestiones últimas del destino humano» (1990: 178-179)– y que por eso los resultados no pasaron de ser «un alarde de destreza técnica, un ejercicio de ingenio, juego artificioso», meros malabarismos formales, en fin, que no podían esconder tras la satisfacción por el logro estético, una grave frialdad (1990: 178).

Aunque muchos podían compartir la sensación de que el género de la novela había entrado en una fase de agotamiento temático y hacía falta revitalizarlo, no todos aceptaban la metaficción como alternativa. John Barth, que también tuvo la sensación de que todo había sido contado ya y por eso habló en un texto de 1968 de la literatura del agotamiento *(The Literature of Exhaustion),* propuso un camino ligeramente distinto, aunque en el fondo bastante coincidente. Cuando se planteó cómo seguir escribiendo en esas condiciones, encontró la solución nada más y nada menos que en Borges: reescribiendo, versionando, dialogando de formas distintas con lo ya escrito. La intertextualidad se convertía así en un posible faro en medio de la niebla, pero este camino no se alejaba en realidad de la metaficción, sino que venía a mostrar otra de sus posibilidades, como de hecho ya había demostrado Mijaíl Bajtín y como seguirían haciéndolo en sus trabajos Roland Barthes, Julia Kristeva y Gérard Genette, entre otros.

En efecto, hablar del fenómeno de las voces enmarcadas, o de la polifonía y el dialogismo, o de la intertextualidad, o de la hipertextualidad, etc. es en gran medida apelar al problema de las relaciones entre textos literarios, o sea, al diálogo de la literatura consigo misma y, por tanto, a la metaliteratura. Aunque no exista autorreferencialidad, si un texto se construye en diálogo con otras obras de la tradición literaria es evidente que se está usando la literatura para hablar de la literatura misma, de manera que, en un sentido amplio, este gesto puede ser considerado metafictivo (Orejas, 2003: 50).

Por otra parte, no está tan claro que no haya autorreferencia cuando hay intertextualidad. Al menos en un cierto sentido. Es evidente que el autor de una obra que incorpora un ejercicio intertextual es consciente del diálogo que establece con otra u otras obras de la tradición literaria, y esto nos lleva a pensar en lo que decía Bajtín acerca de la novela: es un género que vive en el presente, pero siempre recuerda su pasado. En esta misma idea insistió Thomas Pavel al hablar de la memoria del género. Pavel decía que la novela seguía un proceso evolutivo que básicamente consistía en un avanzar retrocediendo: avanzaba explorando nuevos caminos, pero siempre regresaba sobre su pasado para recordarlo y, sobre todo, para revitalizarlo al recuperarlo en un contexto histórico distinto cada vez. Ese regreso del género sobre sí mismo muestra una especie de metaconsciencia y hasta diríamos de metamemoria, pues, como explica Borja Bagunyà, ya no es solo que la novela recuerde sus manifestaciones anteriores, sino que además es consciente de estar recordándolas, o sea, de estar recordándose (Bagunyà, 2015: 18). Con estas palabras explicaba Pavel cuál era el objetivo de su investigación: «comprender la evolución de la novela en la *longue durée,* la lógica interna de su devenir y el diálogo que sus representantes entablan entre ellos» (2005: 34). Más tarde, este teórico ya avanza algo importante: «el desarrollo de la novela moderna no puede ser comprendido sin estudiar la herencia novelesca que revela y perpetúa sin, en muchas ocasiones, reconocerlo» (2005: 39). A una conclusión prácticamente idéntica llegaba Wladimir Krysinski:

La novela no ha evolucionado de modos revolucionarios y destructores, sino más bien por modificaciones y transformaciones discretas que en algún momento pueden haber sido polémicas pero discretas, intertextuales pero subjetivas (1997: 15).

Un género que se recuerda a sí mismo, que tiene memoria, que no olvida los terrenos conquistados y vuelve sobre ellos dialogando con su propia tradición, pero sin dejar de metamorfosearse. También Tiphaine Samoyault planteó esta cuestión en un libro cuyo título es, a la luz de lo que estamos viendo, muy elocuente: *L'intertextualité. Mémoire de la littérature.*

Vemos, pues, que la metaficción en cualquiera de sus variantes fue la expresión más clara del agotamiento en el que habían entrado las fórmulas novelescas tradicionales, y cuando se extendió también a otros géneros literarios, dando paso a la metapoesía y al metateatro, se convirtió en la principal puerta de entrada de la Teoría en la ficción.

4. La Teoría en la ficción

Tradicionalmente, los gestos metaliterarios habían sido planteados ya desde el *Quijote* como un juego que perseguía un efecto desautomatizador, como un camino en busca de la originalidad, y, aunque detrás de ellos pudieran adivinarse ideas que habían sido tratadas en el ámbito de la preceptiva, el lenguaje especializado de la poética no solía entrar directamente en la ficción y, por lo tanto, podríamos decir que el estilo de la obra no acusaba ningún cambio significativo cuando se incorporaba una reflexión en clave metaliteraria. Bastaba con suspender momentáneamente la referencia externa del signo y referenciar el proceso mismo de la escritura para que se activara el juego con el que se quería provocar un efecto de extrañamiento en el lector. Significativamente, Thomas Pavel habla de la «novela lúdica» para referirse a obras paradigmáticas de esta tendencia metaliteraria, como son el *Tristram Shandy,* de Sterne, o *Jacques le fataliste,* de Diderot, pues el descaro con el que en obras de este tipo se hace ostentación de las técnicas de control autorial no puede dejar de provocar la sensación de estar ante una broma divertida. Seguramente por eso dice Wladimir Krysinski que la metaficción, que él ve sobre todo como «la tematización del acto de escritura», remite a «una intertextualidad más paródica y lúdica que verdaderamente problemática» (1998: 28). Pero ya sabemos que hay juegos que van muy en serio y parodias que contienen una crítica sutil, más o menos camuflada, así que tal vez convenga no desproblematizar en exceso las maniobras metafictivas. De hecho, gestos como los de Sterne y Diderot (o de otros autores, como Henry Fielding, que los realiza constantemente en su novela cómica *La historia de las aventuras de Joseph Andrews*) recuerdan a aquella observación de Bajtín acerca de que la novela «no deja estabilizarse a ninguna de sus variantes» porque con frecuencia el género evoluciona parodiándose a sí mismo, parodiando las modalidades dominantes de cada época histórica e impidiendo mediante esta autocrítica que esas modalidades lleguen a estandarizarse (1989: 452). Esta característica del género nos explica por qué muchas obras metaficcionales se basan en un equilibrio productivo entre el afán de renovación y la voluntad de incorporar la literatura precedente desde una perspectiva crítica (Bagunyà, 2015: 197).

Esta situación se agudiza en el siglo XX, durante los años 60 y 70, cuando la Teoría experimenta un gran auge sobre todo gracias al optimismo del estructuralismo literario, con grandes teóricos pivotando a su alrededor, algunos de los cuales van a ser también figuras fundamentales del posestructuralismo. De hecho, ya es significativo que el concepto mismo de *metaficción,* aunque indique una maniobra localizable en distintas épocas de la tradición literaria, se utilice por primera vez en referencia a textos literarios autorreflexivos escritos más o menos a partir de 1960 (Orejas, 2003: 95). Desde ese momento, se observa un interés no ya solo por activar maniobras autorreferenciales, sino también por dotarlas de mayor densidad teórica incorporando referencias explícitas a principios, conceptos e ideas que provienen de la Teoría. Ya no se trata únicamente de exhibir el artificio, sino de describirlo con precisión, usando herramientas teóricas adecuadas. Empieza a ser una realidad lo que ya sospechaba Roland Barthes que pasaría después de observar que cada vez había menos diferencia entre una obra de Julia Kristeva sobre semiótica y una novela de Robbe-Grillet: «lo que puede pasar es que efectivamente desaparezca la distinción entre las obras y la teoría» (1971: 10). Si el componente autorreferencial había servido, entre otras cosas, para llamar la atención sobre el carácter ficcional del libro, ahora surge incluso la posibilidad de hacer una metaficción que reflexione sobre sí misma, una suerte de meta-metaficción que muestra una especie de hiperconciencia narrativa.

David Foster Wallace ofreció un magnífico ejemplo en su «Acertijo Pop 9», incluido en *Entrevistas breves con hombres repulsivos,* que se inicia con un famoso desdoblamiento del narrador: «Eres, por desgracia, escritor de ficción». A partir de esta maniobra, el autor-narrador va valorando, en diálogo consigo mismo, lo que ha estado haciendo en los otros Acertijos Pop que ha escrito y entra en juego así la metaficción, pero no solo como gesto, sino también como referencia teórica explícita, como se advierte en este pasaje:

> Estas admisiones internas a la narración tienen la ventaja adicional de que diluyen ligeramente la pretenciosidad que supone estructurar los textos breves como «acertijos», pero también tienen la desventaja de que coquetean con la autorreferencia metanarrativa –a saber, el hecho de incluir en el argumento argumentos como «Este Acertijo Pop no funciona» y «He aquí otro intento del número 6»– que a finales de los noventa, cuando incluso Wes Craven está explotando la autorreferencialidad metanarrativa, puede parecer pobre, gastado y fácil, y también corre el riesgo de comprometer la extraña perentoriedad con que quieres que tus textos interroguen sobre lo que sea a quien los lea (2014: 185).

Tras estas palabras, el narrador sigue diciéndose a sí mismo que no quiere que sus textos se conviertan en un puro ejercicio formal de «metatextualidad estándar», y justo entonces añade una extensa nota a pie de página en la que aprovecha para reflexionar sobre la finalidad última de los «artificios meta-»:

> Pero todo se vuelve un poco complicado, porque parte de lo que quieres de estos Acertijos Pop es que rompan con la cuarta pared del texto y te permitan algo así como dirigirte (o «interrogar») directamente a la lectora, un deseo que en cierta forma está relacionado con el viejo deseo de los artificios «meta-» de perforar esa cuarta pared que es la pretensión de realismo, aunque parece que no se trata tanto de la perforación de una pared real como de la perforación del velo- de impersonalidad o de invisibilidad del propio escritor, es decir, con el ya gastado rollo «meta-» estándar lo más importante es que el escenógrafo en persona salga al escenario desde los bastidores y te recuerde que lo que estás viviendo es un artificio y que el artífice es él (el escenógrafo) y que te tiene el bastante respeto como lector/ /público como para ser honesto acerca del hecho de que está escondido allí detrás moviendo los hilos, una «honestidad» que personalmente siempre te ha dado la sensación de que

es una farsa de honestidad enormemente retórica diseñada para hacer que él (es decir, el escritor del tipo «meta-») te caiga bien y apruebes lo que hace y te sientas halagado porque en apariencia él piensa que eres lo bastante maduro como para aguantar que te estén recordando todo el tiempo que estás en medio de algo artificial [...] (2014: 186).

Cuando más tarde el narrador habla del «simple esquema de "mírame-cómo-miro-que-me-estás-mirando" de la vieja y gastada metanarrativa estándar» (2014: 194), ya ha quedado muy claro que Foster Wallace no solo pone en práctica la metaficción (con ese narrador que sobre todo se dedica a narrar cómo narra), sino que a la vez teoriza sobre ella, haciendo así un curioso uso de la Teoría en el interior de la obra literaria. En el fondo, es lo que comenta David Lodge cuando escribe: «Los escritores metaficticios tienen el astuto hábito de integrar la posible crítica dentro de sus textos y así convertirla también en ficción» (1998: 306). Pese a este hábito del que habla Lodge, el gesto de Foster Wallace parece una vuelta de tuerca más a lo que se había hecho hasta entonces y demuestra la imposibilidad cada vez más notoria de una escritura inconsciente, una escritura que no asuma en su interior lo que significa escribir y que no sea una intervención, o comentario, o revisión, de lo ya escrito (Bagunyà, 2015: 191). Umberto Eco explicaba la metaficción aludiendo a un «club de textos que cuentan historias relativas al modo en que se construyen las historias» (1993: 305), y ya vemos que el club puede enriquecerse con textos que, además de contar cómo se construyen historias o cómo están siendo construidos ellos mismos, realizan esta maniobra acudiendo a referencias y herramientas teóricas que implican ya una total pérdida de la inocencia narrativa y la consecuente apertura de un nuevo paradigma. Es así como se le abren las puertas a la Teoría para que se instale cómodamente en la creación literaria, adoptando distintas formas. Ahora bien, no se trata tan solo de inaugurar un nuevo marco estético, sino de llevar a cabo un gesto de cierta trascendencia, pues usar como material de construcción los principios teórico-críticos que sostienen la práctica creativa implica que la literatura quiere apropiarse del discurso teórico sin dejar de ser literatura. En definitiva, implica la aparición de obras que tematizan o encarnan ellas mismas problemas propios de la Teoría. Será interesante analizar más a fondo esta cuestión.

5. Cruce de sistemas

Ya hemos visto que la teoría literaria ha incorporado en su sistema los planteamientos y la mirada de esa Teoría posmoderna de carácter general de la que venimos hablando, construida con textos de naturaleza heterogénea que se han vuelto imprescindibles en distintos campos de estudio. Hemos visto también que la teoría literaria es una de las disciplinas que se encuentran en la base de la Teoría, alimentándola con sus aportaciones. Teniendo en cuenta esta relación de mutua dependencia, el uso de material teórico en la ficción, ya sea procedente del campo específico de la teoría literaria o del más general de la Teoría, puede ser abordado desde una perspectiva sistémica que plantea cuestiones de gran interés, pues se deja describir como el resultado de un cruce de sistemas distintos. Obviamente, el elevado grado de eclecticismo desde el que se construye la Teoría impide que esta pueda tener un carácter sistemático, pero la teoría literaria sí que lo tiene, pues, aunque esta disciplina haya superado con creces su original carácter propedéutico, no lo ha olvidado en absoluto, sino que lo combina con nuevas ambiciones que ahora le resultan factibles gracias a haberse enriquecido con material procedente de otros ámbitos. Como escribió hace ya tiempo Manuel González de Ávila en referencia a la teoría literaria, «en cuanto espacio idóneo para el ejercicio del bricolaje intelectual, ha solido recibir siempre a su vez influencias múltiples de la totalidad de las disciplinas, humanísticas y científicas, limítrofes» (2002: 21). Dada esta situación, distinguir entre teoría literaria y Teoría cuando se trata de analizar textos literarios no resulta operativo; más bien parece que lo mejor sería apostar por una noción de lo teórico totalmente inclusiva, que incorpore tanto la especificidad de la teoría literaria como los conceptos e ideas que conforman esa Teoría polifónica que atraviesa distintos campos del saber. Es esta propuesta la que permite enfocar el uso de la Teoría en la creación literaria como un interesante cruce de sistemas.

Tenemos, por un lado, el sistema literario, con su propia lógica de funcionamiento, y, por otro lado, un sistema, el de la teoría literaria, que cuenta con sus métodos, sus conceptos, sus propuestas, etc., para poder explicar los principios y las categorías generales que permiten comprender las obras literarias. No podemos olvidar que la teoría literaria encuentra su razón de ser en la existencia previa de la literatura, como no podría ser de otra manera dado que, como afirma Pierre Bourdieu, «la reflexión teórica únicamente existe cuando está enraizada en una práctica» (1971: 21). A su vez, ya ha quedado claro que la teoría literaria ha incorporado en su repertorio los planteamientos de la Teoría cultural posmoderna, que la han vuelto más compleja. Es interesante advertir entonces que cuando desde el sistema literario alguien se acerca al sistema de la teoría de la literatura (ahora ya, si se quiere, al de la Teoría) se desencadena un juego de interferencias recíprocas que facilita la aparición de nuevas posibilidades creativas. Nos encontramos frente a lo que Shelly Yahalom proponía estudiar como un caso de roce entre sistemas distintos (1999: 100). Lo que se produce concretamente es una interferencia entre un *sistema fuente* (el de la teoría literaria o Teoría) y un *sistema receptor* (el de la literatura). Lo normal es que esto suceda cuando el sistema receptor toma prestados ciertos elementos o materiales del repertorio de otro sistema porque quiere desempeñar alguna función que no puede desempeñar con su propio repertorio, de manera que hay que plantearse si este es el caso también del fenómeno que estamos investigando.

Conviene recordar que, de acuerdo con los planteamientos de Itamar Even-Zohar, en la teoría de los polisistemas el *repertorio* «designa un conjunto de reglas y materiales que regulan tanto la construcción como el manejo de un determinado producto o, en otras palabras, su producción o su consumo» (1999: 39). La literatura tiene su propio repertorio (sus géneros, sus temas y motivos, sus mecanismos o recursos, etc.), y cuando se acerca al de la Teoría, que cuenta también con un repertorio específico (configurado por sus métodos, su metalenguaje, sus conceptos, sus propuestas, incluso por su mirada crítica), cabe pensar que lo hace porque quiere desarrollar ciertas estrategias de acción que no puede desarrollar con su propio repertorio. Ya hemos entrevisto la posibilidad de que la sensación de un cierto agotamiento temático motivara en gran parte el acercamiento de muchos escritores a la Teoría para encontrar en ella soluciones que permitieran salir del atolladero en el que se encontraban. Pero también se observa que desde el sistema de la Teoría se producen cada vez más aproximaciones al discurso literario, dando paso a esa crítica creativa de la que hablábamos antes, de manera que la complejidad de todas estas relaciones intersistémicas es considerable. Por otra parte, el interés de estas relaciones no solo se debe a que muestran interferencias a veces verdaderamente significativas, sino también a que nos obligan a plantear por qué un sistema importa material de otro, qué consigue con ello, para qué necesita exactamente apropiarse de ese material ajeno.

Es importante comprender, por otra parte, que las zonas de interferencia provocan la existencia de obras ambivalentes (*crítica creativa* o *ficción híbrida* son expresiones que apuntan en esa dirección), es decir, obras de mirada estrábica que se encuentran a medio camino de dos sistemas distintos y, en consecuencia, pueden originar ciertos problemas de recepción. De entrada, es fácil que desde cada sistema interesen aspectos distintos de la misma obra y que, en consecuencia, la valoren de forma muy diferente. Pero sobre todo vemos que quien no está familiarizado con los repertorios de ambos sistemas puede perderse gran parte del encanto de una obra o incluso quedar completamente fuera de juego. Por mucho que se diga que la crítica creativa busca acercar los estudios literarios al gran público, lo cierto es que este acercamiento no puede lograr su propósito si se lleva a cabo con material procedente de la Teoría, puesto que el conocimiento de este material no está al alcance de todo el mundo. De hecho, recordemos que en el siglo XIX la crítica impresionista evitó el lenguaje académico precisamente para llegar a más gente, de manera que la creatividad de esta crítica creadora no tenía nada que ver con el uso de material teórico, sino más bien con escribir en un estilo agradable y con aspiraciones estéticas.

En todo caso, a nosotros no nos interesa tanto el discurso teórico-crítico que usa mecanismos literarios como los textos literarios que usan la Teoría para abrir nuevas posibilidades creativas dentro de sus propios sistemas. Estos textos son claramente ambivalentes y, por tanto, exigen una competencia no solo literaria, sino también teórica, para poder ser bien entendidos y obtener de ellos el máximo placer posible. Pensando en el caso concreto de la denominada *narrativa mutante,* una tendencia caracterizada precisamente por la fusión del discurso teórico con el ficcional, Guillermo Sánchez Ungidos habla de «la necesidad de un lector que se implique en el relato, en la configuración de sentido de los textos [...]» (2018: 472), y se refiere a que la presencia de la Teoría en la ficción facilita la aparición de ciertas maniobras narrativas que pueden resultar desconcertantes para quien se proponga una lectura desde presupuestos tradicionales.

Fijémonos, por otra parte, en que del roce entre sistemas que explica el fenómeno de las ficciones híbridas no se desprende tan solo la exigencia de un cierto dominio de los dos sistemas que entran en contacto, sino también la reestructuración de los repertorios implicados, pues ambos quedan afectados por la interferencia que se ha producido. En el caso de la literatura, es evidente que su repertorio se ha enriquecido con el material de la Teoría tomado en préstamo, pero también el sistema de la Teoría experimenta un cambio en su repertorio, ya sea porque acaba siendo divulgado a través de un sistema como el literario, que llega a muchísima más gente, ya sea porque, precisamente en cuanto que sistema teórico, tendrá que dar cabida en su interior a nuevos conceptos y nuevas propuestas que permitan explicar esos nuevos productos artísticos que incorporan los usos de la Teoría. En este sentido, resultan muy ilustrativas estas palabras de Even-Zohar: «[...] la puesta en práctica concreta de un repertorio es resultado de una negociación dinámica entre opciones previamente conocidas y las características específicas de la situación en curso» (1999: 40).

En efecto, ha de haber una negociación entre el material que existía ya en el repertorio de un sistema y el nuevo material que la «situación en curso» lleva a incorporar, y esa negociación es posible porque los repertorios no son herméticos, sino que permanecen siempre abiertos a nuevas posibilidades. Otra cosa será que luego los agentes de la institución acepten o no el resultado artístico surgido del roce entre sistemas. Recordemos que en la teoría de los polisistemas la *institución* remite al «conjunto de factores implicados en el control de la cultura», factores que regulan las normas, aprobando unas y rechazando otras, y que determinan qué productos merecen ser conservados por una comunidad durante un largo período de tiempo (Even-Zohar, 1999: 49). Es decir, que los agentes de la institución (en el caso que nos ocupa: escritores, profesores, editores, críticos, académicos, etc.) asumen la tarea de «preservar un repertorio canonizado para transmitirlo de una generación a otra» (Even-Zohar, 1999: 49) y son por tanto sus voces con poder de consagración las que acabarán decidiendo si los usos de la Teoría en la literatura contemporánea responden solo a una moda pasajera de importancia relativa o suponen un logro artístico de cierta trascendencia.

6. Usuarios, usos y abusos

Un estudio de los usos de la Teoría en la literatura tiene que plantearse no solo de qué Teoría se está hablando, como hemos hecho ya, sino también quién usa esa Teoría. El sentido común nos dice que tiene que tratarse por fuerza de gente familiarizada con ella, pero los caminos de la familiarización son inescrutables, de manera que hay que plantearse sobre todo los casos más lógicos y previsibles, que son los de escritores que han cursado alguna titulación universitaria en la que la presencia de la Teoría es claramente manifiesta o bien incluso ejercen como docentes en alguna de esas titulaciones. Las opciones son variadas porque ya sabemos que la Teoría a la que nos referimos es, como diría Said, una «teoría ambulante» cuyas ideas han circulado por disciplinas muy distintas, de manera que se la puede encontrar en muchos de los grados universitarios que se ofrecen en la actualidad. En cualquier caso, la mayoría de autores que usan la Teoría lo hacen porque no pueden no usarla, dado que se han formado en ella y no podrían escribir sin tenerla como referente y dialogar más o menos secretamente con algunos de sus conceptos y debates. También hay que contar, por supuesto, con escritores que han estudiado Teoría por su cuenta, para estar al día de ciertas temáticas de interés cultural, y luego incorporan esos conocimientos en sus obras. Sea como sea, es evidente que solo quien conoce de cerca la Teoría puede usarla como material creativo, escribir con ella y, muchas veces, desde ella.

En *Tradition and Individual Talent,* T. S. Eliot ofrece una imagen sincrónica de la tradición literaria porque asegura que, en el momento de la creación, todos los textos de la tradición adquieren una presencia simultánea como referentes para dialogar con ellos. Los autores que nos interesan aquí incluyen en ese diálogo textos teóricos que conocen bien y, por tanto, la tradición con la que dialogan mientras escriben se ha ampliado y enriquecido, y, como es lógico, el resultado de ese diálogo tiene que tener unas características marcadas por los referentes que han sido invocados. Para ellos, la tradición literaria y la tradición teórica se funden en una sola tradición con la que dialogar, desde la que pensar y desde la que escribir.

Por otra parte, veremos que son muchas las formas que tiene la Teoría de marcar su huella en los textos literarios, y lo que este fenómeno demuestra es que, como afirmó Edward Said, «las ideas y las teorías también viajan» (2004: 303). Pueden circular de una persona a otra, de un lugar a otro, de una época a otra y, como hemos visto, de un sistema a otro. Estos desplazamientos son frecuentes en la actividad intelectual y el importante libro de Mieke Bal *Conceptos viajeros en las humanidades* lo demuestra con mucho acierto. De hecho, para Mieke Bal es necesario trabajar con «conceptos transdisciplinares», conceptos que viajan a través de distintas disciplinas y puedan convertirse en la piedra angular de cualquier estudio interdisciplinar riguroso si se llega a un consenso sobre cuál es el mejor significado para usarlos de manera intersubjetiva (2009: 17-23). Según Mieke Bal, hay que tener presente además que, en un contexto interdisciplinar, los conceptos son la mejor alternativa a la idea de *cobertura,* o sea, a la ambición imposible de cubrir todas las teorías de un campo, todas las obras, todos los autores, etc. (2009: 15).

Said llegó a señalar cuatro fases comunes en la circulación de cualquier teoría: un punto de origen en el que nace esa teoría, una distancia atravesada parar llegar al lugar en el que la teoría adquirirá una nueva relevancia, un conjunto de condiciones de aceptación de la teoría o de resistencia a ella y, finalmente, la adaptación total o parcial de la teoría al nuevo contexto, lo que puede implicar una transformación de la teoría debida a «sus nuevos usos, su nueva posición en un nuevo tiempo y lugar» (Said, 2004: 304). Si aplicamos este circuito al caso concreto del viaje que la Teoría ha experimentado hacia la literatura para incorporarse a la textualidad misma de las obras, tenemos que identificar primero el origen de la Teoría a la que nos referimos, y ya hemos visto que se trata de un conjunto muy heterogéneo de ideas que surge como resultado de la intensa actividad teórica que se produjo entre los años 60 y 80 del siglo XX. En cuanto a la distancia atravesada, es obvio que se trata no solo de la distancia que separa la producción literaria de la disciplina teórica que quiere explicarla (la distancia entre praxis y teoría, si se quiere), sino que, dado el elevado grado de eclecticismo que se ha introducido en la teoría literaria (precisamente por eso transformada en Teoría), hay que tener también presente la distancia que separa la literatura de toda la pluralidad de disciplinas que entran en juego (antropología, sociología, filosofía, etc.). Respecto a la aceptación de la Teoría o las resistencias a ella en el sistema o campo literario, es obvio que solo un análisis de las reacciones de la crítica literaria y de los lectores en general puede darnos una idea de hasta qué punto los usos de la Teoría están siendo tolerados como incorporaciones interesantes en la creación artística. Por último, la adaptación de la Teoría al nuevo contexto y la posibilidad de que experimente algunas transformaciones nos remite a los distintos usos que se están haciendo de ella dentro de la producción literaria y nos exige sobre todo atender a las funciones que puede estar desempeñando en esos nuevos ámbitos. Todas las fases de este viaje de la Teoría a la literatura tienen un gran interés, pero es sobre todo la última la que nos importa aquí.

Por otra parte, al analizar la presencia de material teórico en la ficción literaria siempre sobrevuela la idea de que la Teoría es una especie de caja de herramientas, un instrumental conceptual que puede ser usado para llevar a cabo distintas prácticas. La metáfora de la «caja de herramientas» ha sido utilizada con cierta fortuna en distintos ámbitos. Stephen King, por ejemplo, la utiliza en *On Writing* para dar consejos de escritura creativa, y Gilles Deleuze la utilizó para referirse a lo que mucha gente estaba haciendo con las obras de Michel Foucault, usándolas con distintos fines y sin plantearse qué sentido exactamente tenía el pensamiento expresado en ellas. Luego el propio Foucault habló de la vocación eminentemente práctica que tenían sus libros, a los que veía como instrumentos que podían ponerse al servicio de diversas causas. En realidad, él tenía en mente a unos usuarios concretos, los interesados en cuestionar los sistemas de poder, pero lo cierto es que sus teorías han sido usadas a menudo de forma totalmente descontextualizada y se las ha podido ver funcionando en distintos ámbitos (Vázquez García, 2021: 13). Esto mismo ha ocurrido en gran medida con la obra de muchos otros teóricos, cuyas ideas han funcionado como pistas de trabajo, como estímulo para explorar distintos fenómenos. Se las ha tomado prestadas para llevar a cabo investigaciones en los campos de estudio más variados y en esos nuevos escenarios han dado frutos a veces interesantes y otras veces no tanto.

Esta advertencia sirve también para el uso que se ha hecho de ellas tanto para construir obras literarias como para interpretarlas. Basta leer *The Novel after Theory* (2012), de Judith Ryan, para ver cómo las ideas de distintos teóricos (Roland Barthes, Paul de Man, Jacques Derrida, Michel Foucault, Jacques Lacan, Julia Kristeva, etc.) han podido influir en la configuración de varias novelas de autores tan importantes como John Banville, Marguerite Duras, Marilynne Robinson o Christa Wolf, pero también advertimos que la presencia de la Teoría no siempre es explícita y a veces depende más de la lectura que hace Ryan de esas obras que de lo que realmente pusieron en ellas quienes las escribieron. Este ejemplo nos permite ver que en los usos de la Teoría también intervienen los lectores, con lo cual el fenómeno gana en complejidad. En cualquier caso, ya sea situándonos en el polo de la creación o en el de la recepción de las obras, lo verdaderamente importante es discernir entre usos fecundos y usos fraudulentos de la Teoría. Para ello, es imprescindible seleccionar un *corpus* de obras que puedan ser representativas de la situación que queremos describir («obras-testigo», como las llamaría Pierre Bourdieu) y, a partir de su análisis y de lo que la crítica ha dicho de ellas, intentar establecer una tipología de las múltiples posibilidades que se entrevén en los usos que la creación literaria está haciendo de los debates, ideas y conceptos de la Teoría.

Como es fácil suponer, distintos usos, combinados, pueden aparecer en una misma obra, y además es muy posible que los usos de la tipología que aventuramos presenten zonas comunes y no se puedan establecer entre ellos delimitaciones muy claras. Todo esto hará que, inevitablemente, nuestra aproximación a los usos de la Teoría en la ficción tenga un carácter provisional y aspire a ser tan solo un primer tanteo, un acercamiento todavía tímido a un fenómeno que, con toda probabilidad, será cada vez más frecuente en la literatura del futuro. Ahora bien, pese a su provisionalidad, nuestra investigación servirá para que pueda empezar a verse ya si se están llevando a cabo usos inteligentes, enriquecedores, legítimos, que ponen a circular la Teoría de manera productiva, o usos parasitarios, triviales, que son tan solo un barniz o pura fachada teórica en busca de un halo de prestigio. En definitiva, servirá para que empecemos a distinguir ya entre usos y abusos.

7. Una tipología posible

7.1. Uso superficial de la Teoría

Para empezar a plantear una posible tipología de usos de la Teoría en la literatura contemporánea podemos tomar el ejemplo de la novela *La séptima función del lenguaje,* de Laurent Binet, que tuvo una gran repercusión internacional. No es una novela española, pero nos permitirá detectar un uso de la Teoría que convendrá tener presente como elemento de comparación para poder calibrar con cierto rigor lo que hacen en sus obras los escritores españoles a los que atenderemos.

El autor de *La séptima función del lenguaje* es profesor de literatura en la universidad Sorbonne-Paris-III, detalle que no podemos pasar por alto porque nos pone ya sobre la pista de un conocedor de la Teoría. De hecho, en la novela la Teoría queda invocada ya desde el título, pues es obvio que *La séptima función del lenguaje* alude a las funciones del lenguaje desarrolladas por Roman Jakobson en la famosa conferencia del congreso de Bloomington, Indiana, en 1958. Nos situamos, pues, en el campo de la lingüística, una de las disciplinas que han contribuido a conformar esa Teoría general de la que venimos hablando. Solo que Jakobson habló de seis, y no de siete funciones del lenguaje. Precisamente este es un detalle fundamental en la trama de la novela. Binet plantea esta obra en clave policíaca a partir de la investigación del accidente mortal que sufrió Roland Barthes el 25 de febrero de 1980, cuando fue atropellado por una camioneta de lavandería en la rue des Écoles, después de haber almorzado con François Mitterrand. Para descartar la posibilidad de un asesinato premeditado, la policía abre una investigación y será el comisario de los Servicios Secretos Jacques Bayard el encargado de llevarla a cabo. Como este comisario desconoce por completo el mundo académico y quién es quién allí dentro, no tardará en sentir la necesidad de un ayudante. Antes ha tratado de informarse por su cuenta, primero interrogando a Michel Foucault, y luego comprando un libro sobre Barthes, pero se encuentra totalmente perdido. No entiende a qué se refiere Foucault cuando le habla de los grandes enemigos de Barthes, los representantes de la «vieja crítica rancia» que nunca le perdonó que se atreviera «a cuestionar sus viejos esquemas burgueses» (2016: 27). «¿Quién es toda esa gente de la que me habla?» pregunta Bayard, y Foucault sentencia: «los macarras de un pensamiento muerto que, con su obscena risa sarcástica, pretenden imponer eternamente su pestilencia a cadáver» (2016: 27). Con estas palabras, Laurent Binet logra introducir en la novela la conciencia que tenían los primeros grandes representantes de la Teoría del efecto que provocaba en los círculos tradicionales su mirada crítica y revisionista. Frustrado al comprobar que el libro sobre Barthes que ha comprado habla de temas que no entiende, el comisario Bayard toma la decisión de buscar ayuda. Metiéndose en la mente del personaje, así lo cuenta el narrador:

El comisario Bayard comprende que no comprende nada, o muy poca cosa, de todas esas gilipolleces. Necesitaría a alguien que lo iluminase, un especialista, un traductor, un transmisor, un formador. Un profesor, ¿no? En la Sorbona, pregunta dónde se encuentra el departamento de Semiología (2016: 32).

El comisario no tarda en dar con un joven profesor de Semiología de la Imagen, Simon Herzog, y lo recluta para su causa. La introducción de este cicerone dará paso a un recurso muy poco sofisticado para introducir la Teoría en la novela: el ignorante Bayard pregunta y Simon Herzog contesta con extensas explicaciones que sirven claramente a un propósito didáctico. Cualquier parecido con una conversación auténtica es pura coincidencia. Apenas hay interacción porque lo único que importa es que uno de los personajes, el que domina el tema que se está tratando, ofrezca abundante cantidad de información y así el lector puede ir aprendiendo cosas interesantes sobre ciertos temas con los que no está familiarizado. Por ejemplo, cuando el comisario pregunta «pero ¿quién coño es ese Jakobson?», Herzog procede a ofrecer una explicación que ocupa todo un capítulo y que bien pudiera ser considerada una conferencia sobre la teoría lingüística de Jakobson. Ya desde el inicio la exposición tiene un tono enciclopédico que casa mal con un discurso novelesco y parece un cuerpo extraño que aleja al lector de la trama central:

Roman Jakobson es un lingüista ruso, nacido a finales del siglo XIX, que está en el origen de un movimiento llamado «Estructuralismo». Después de Saussure (1857-1913) y de Pierce (1839-1914) y junto con Hjelmslev (1899-1965) es sin duda el teórico más importante entre los fundadores de la lingüística (2016: 126).

La charla sigue con referencias a la metáfora, a la metonimia, a los ejes sintagmático y paradigmático, y, por supuesto, a las funciones del lenguaje, que aparecen explicadas detalladamente. A veces el informante no es el joven profesor Herzog, sino algún agente activo de la propia Teoría, como hemos visto que ocurre con Foucault o como ocurre cuando la pareja de investigadores se desplaza a Bolonia para hablar con Umberto Eco. Entre muchas otras cosas, Eco les explica en qué consisten los enunciados performativos de los que había hablado John L. Austin y, de paso, les expone la teoría de los actos de habla desarrollada por este filósofo estadounidense:

Según Austin, hablar es un *acto locutorio,* puesto que consiste en *decir* algo, pero también puede ser un *acto ilocutorio* o *perlocutorio,* excediendo el mero intercambio verbal, porque hace algo, en el sentido en que produce acciones. La utilización del lenguaje permite constatar, pero también, como se dice en inglés, *llevar a cabo* [...] (2016: 232).

La *Speech Act Theory* reaparecerá luego, para ser rebatida, en una conferencia que imparte Derrida, de modo que de nuevo una de las grandes figuras de la Teoría entra en juego y se abren paso en la novela varias ideas procedentes de la filosofía del lenguaje. Otras veces es directamente el narrador quien introduce información vinculada a la Teoría, como en el párrafo con el que empieza el capítulo 42:

Tzvetan Todorov es un tipo flacucho y gafotas, vestido torpemente, que tiene una gran mata de pelo rizado. Es también un investigador de lingüística que vive en Francia desde hace veinte años, un discípulo de Barthes que ha trabajado sobre los géneros literarios (especialmente el fantástico) y un especialista en retórica y semiología (2016: 162).

Seguir este camino tan poco elaborado para introducir la Teoría en la novela, o hacerlo a través de disputas retóricas como la que tiene lugar en el Logos Club, donde se oye hablar, por turnos, de los temas más variados (desde los ataques a la escritura que hace Sócrates en el *Fedro* hasta la figura del intelectual orgánico de la que hablaba Gramsci, por ejemplo), no parece un acierto artístico precisamente, pues implica acumular información innecesaria si pensamos en el lector que de forma más natural puede estar interesado en una novela por la que circulan, a menudo caricaturizadas, figuras como Michel Foucault, Julia Kristeva, Jean Baudrillard, Philippe Sollers, Louis Althusser, Jacques Derrida, Tzvetan Todorov, John Searle, Hélène Cixous, Paul de Man, Gayatri Spivak, etc. La presencia de algunos de los principales protagonistas de la efervescencia teórica de los años 60 y 70 del siglo XX solo puede ser un reclamo para quien conoce en algún grado a todas esas figuras y está en condiciones de apreciar los guiños de complicidad y los divertidos toques irónicos que desliza continuamente el autor en la novela, de manera que ofrecer explicaciones tan básicas sobre cuestiones teóricas o sobre personas vinculadas a la Teoría no parece estar muy justificado y pone en riesgo la calidad artística. Dicho con toda claridad: este uso de la Teoría solo puede entenderse en quien aspira a conseguir un gran número de lectores y, para no perder a ninguno por el camino, decide eliminar cualquier posible obstáculo interpretativo facilitando al máximo la lectura. Como sabemos, esta estrategia es típica de muchos *best sellers* que acaban teniendo una deriva didáctica al incorporar información especializada sobre temas que la mayoría de la gente desconoce con el objetivo de lograr que los lectores tengan la sensación de que, además de entretenerse con la lectura, están adquiriendo nuevos conocimientos. Ya Albert Zuckerman recomendaba esta técnica en el libro *Cómo escribir un bestseller* porque decía que «esa cantidad de información, unida a una buena historia, permiten que la lectura se convierta en una experiencia de aprendizaje, y la mayoría de los lectores son personas a las que les gusta, en efecto, aprender» (1996: 35).

Como recurso didáctico, la divulgación masiva de contenidos especializados a través de la ficción puede generar, en efecto, la sensación de estar adquiriendo nuevos conocimientos, pero lo más probable es que no sea otra cosa que eso, una sensación, pues la verdadera conquista del conocimiento tiene otras exigencias (dedicación, esfuerzo personal, consulta directa de las fuentes especializadas) y no suele llegar por caminos tan fáciles como son una larga digresión o una conversación artificial en medio de una novela. Aun así, son muchos los autores que confían en estas estrategias superficiales para tener éxito y es obvio que a menudo el espejismo funciona, pues siempre hay lectores que sienten que sus conocimientos se amplían a medida que recorren las páginas de una obra superventas. El peligro asoma sobre todo cuando se sacrifica la calidad en favor de la accesibilidad, y la divulgación de conocimientos va acompañada de constantes aclaraciones (entre paréntesis, en nota a pie de página, en el interior mismo del texto...) con el fin de evitar que cualquier referencia más o menos erudita pueda convertirse en un obstáculo para la lectura. En *La séptima función del lenguaje,* Lauren Binet sigue estos recursos para divulgar ideas y conceptos procedentes de la Teoría y esto, que probablemente ayude a sumar lectores, resta sin duda calidad literaria a la novela y hace que este uso de la Teoría en la ficción merezca ser considerado superficial, muy poco sofisticado.

7.2. Uso verosímil de la Teoría

Dejando de lado la calidad de la novela, *La séptima función del lenguaje* nos muestra un detalle importante para nuestra investigación, y es que, se haga con mayor o menor acierto, siempre tiene que haber algo que justifique la entrada verosímil de la Teoría en la ficción, algo que haga que la presencia de material teórico no parezca una maniobra demasiado forzada, sin justificación. En el ámbito de la narrativa, el pretexto ideal suele ser la ambientación académica, como ocurre en una novela de campus, donde la interacción entre profesores, o entre estudiantes, o entre profesores y estudiantes facilita que la Teoría pueda hacer acto de presencia con toda naturalidad.

El éxito creciente de este género ha sido explicado por Javier García Rodríguez, uno de sus grandes conocedores, con estas palabras:

> Las amplias posibilidades narrativas de un espacio cerrado con sus propias –y en ocasiones incomprensibles– reglas, las rendijas por donde se desliza la parodia, la oportunidad de una crítica corrosiva de determinadas prácticas sociales, la sátira más o menos bienintencionada de las relaciones humanas o la valoración de ciertas instituciones y su presencia pública son algunas de las razones que pueden explicar el hecho de que autores de reconocido prestigio, algunos con vitola de clásicos, hayan sentido la tentación en los últimos cincuenta años de convertir en ficción narrativa las vivencias y apariencias, las relaciones y ambiciones del mundo académico [...] (2015: 277).

Ya señaló Mijaíl Bajtín al presentar la noción de *cronotopo* que la inseparabilidad entre la dimensión espacial y la temporal en una novela activa unas condiciones de posibilidad que hacen que ciertas cosas puedan ocurrir y otras no, de manera que la acción está directamente vinculada a la unión espaciotemporal. Cuando el cronotopo es un campus universitario, el tiempo pasado allí dentro, con las clases diarias, la celebración de un congreso o de un seminario, las fiestas universitarias, etc., puede ser el fondo ideal para que la Teoría entre en juego y desempeñe alguna función en la historia que se cuenta. Además, dado que allí conviven distintos posicionamientos, también pueden verse reflejadas diferentes reacciones ante la Teoría, incluida una cierta resistencia, como encontramos en un pasaje de *Un momento de descanso,* de Antonio Orejudo, una novela publicada en 2011. Uno de los protagonistas, Arturo Cifuentes, trabajó un tiempo en el Departamento de Spanish de la Universidad de Columbia (Missouri), y allí tuvo como colega a un tal Amarilio Serna, presentado como «el especialista en Teoría que todo departamento debe tener» (2011: 32). La observación, hecha por un especialista en la obra de José María Pemán, es sin duda irónica, como queda claro cuando se dice que el especialista en Teoría «llevaba cinco o seis años escribiendo un libro sobre la superación de la literatura, en el que mantenía que la función del texto literario había sido provocar el nacimiento de la Teoría e ilustrarla» (2011: 32). Este comentario malicioso nos hace recordar que la resistencia a la Teoría no ha procedido solo de las posiciones filológicas más tradicionales, especialmente de los historiadores de la literatura, como explicó en su momento Paul de Man, sino también de críticos de reconocido prestigio que han desconfiado de todas las maniobras asociadas a la perspectiva teórica (abstracciones, generalizaciones, clasificaciones, etc.). Un caso evidente era el de Raymond Williams, para quien la teoría literaria se había apartado de la tarea verdaderamente importante, que era fomentar hábitos de lectura adecuados para abordar la «literatura seria» (2013: 13). Según Williams, la crítica literaria tenía que tomar como punto de referencia «la emoción, no la razón», y por eso le parecían «estupideces» todos «los análisis pseudo-científicos de los libros, imitando a la botánica», análisis que veía como «pura insolencia y sobre todo aburrido argot profesional» (2013: 41).

Por su misma naturaleza, la novela de campus se presta especialmente bien al tratamiento de este tipo de controversias y es entonces más fácil que aparezcan con cierta frecuencia alusiones a la Teoría. Un precedente importante en este sentido para los escritores españoles del siglo XXI lo encontramos en *El impostor sentimental,* la novela que Xavier Moret publicó en 1997. Podríamos considerarla una variante de la novela de campus, pues la acción se sitúa en el marco de un congreso de literatura inglesa contemporánea que se celebra en un *college* de Cambridge. En ese contexto, contar «el último chiste sobre Derrida» se convierte en un ritual académico que aparece parodiado en forma de motivo recurrente a lo largo de la novela. Como afirma uno de los personajes: «Las corbatas chillonas y los chistes sobre Jacques Derrida y su teoría de la deconstrucción son las bases de cualquier congreso» (1997: 20). La parodia se extiende a todo el mundo académico y, en definitiva, a todo el campo literario. Editores, agentes literarios, profesores, escritores, críticos…, todos acaban siendo víctimas de una parodia que se enfoca desde dentro, pues el protagonista, Víctor Mas, es un escritor en busca de una historia interesante para su segunda novela y aprovecha sus continuos gestos metaliterarios para ofrecer una imagen bastante ridícula tanto de sí mismo como de todo lo que rodea la vida literaria. «Todos se conocen en este mundo endogámico» (1997: 14), afirma en un momento determinado, y él, que se sabe un impostor allí dentro, no escatima en críticas más o menos maliciosas. De algún modo, lo que quiere es llamar la atención sobre un aspecto esencial, y es que «la literatura queda muy bien en los libros de texto, pero vista de cerca es algo muy distinto» (1997: 18). Esa visión de cerca, desde dentro mismo, permite ofrecer comentarios como este que aparece en boca del editor Narciso de Maluquer: «No he visto cosa más parecida a no hacer nada que un congreso de literatura» (1997: 21).

Como suele ser frecuente, los ejercicios metaliterarios permiten la reflexión teórica dentro de la novela misma, y así van asomando pasajes de estas características:

> ¿Y el argumento? Por favor, no me hagáis reír, no seáis anticuados. ¿Desde cuándo hace falta un argumento para escribir una novela? [...] (1997: 38).

> Tengo un personaje interesante y un escenario prestigioso... Está claro que necesito con urgencia un tema, una idea. Con una me conformo. Tengo comprobado que no se necesita mucho más para escribir una novela. El truco consiste en alargarla sin mesura y en rellenarla con todo lo que uno pueda encontrar en los diccionarios (1997: 50).

En realidad, la novela sí que tiene un argumento, pues deriva hacia una cómica novela de espías que acaba siendo una impostura más de las muchas que se presentan en esta obra. Por supuesto, el gesto metaliterario se va reactivando para recoger los nuevos detalles:

> Pongamos que tenemos un escritor en crisis que asiste a un congreso de literatos en una ciudad de Inglaterra y que lo confunden con un espía. Una mujer de belleza enigmática le pasa información secreta y la cosa se va complicando hasta que... (1997: 82).

Friedrich Schlegel decía que una novela tenía que contener su propia crítica, y Xavier Moret se lo toma al pie de la letra, pues hace que Víctor Mas vaya aventurando ya varias críticas que aparecerán sobre la novela que está preparando, críticas planteadas desde distintos ángulos (crítica elogiosa, crítica negativa, crítica indiferente). Incluso llega a escribir la contracubierta, y allí se explicitan las influencias que el lector atento sin duda ya ha advertido: John Le Carré (cuyas novelas quedan parodiadas a través de esa absurda intriga de espionaje), el «alocado» Tom Sharpe, el «especialista universitario» David Lodge y, por supuesto, «la memoria del gran maestro Laurence Sterne» (1997: 93).

Las caricaturas sobre cómo funciona la promoción de un libro, sobre cómo construir un perfil de autor, sobre la manipulación de los premios literarios, etc. son sin duda interesantes, y también lo son varios comentarios teóricos, ya sea los que el propio narrador va deslizando (sobre la novela basada en el *zapping* literario, por ejemplo), o los que se ponen en boca de algún conferenciante o ponente del congreso (como la importancia de la mirada en el *nouveau roman*), pero desde el punto de vista de la presencia de la Teoría en la novela estamos aún lejos de lo que traerá el siglo XXI. Tan solo las bromas sobre Derrida apuntan en esa dirección:

> —¿Sabes en qué se convierte *Catedral, de* Raymond Carver, después de pasar por las manos deconstructoras de Derrida? —pregunta un húngaro de aspecto simpático. Y, tras los instantes obligados de intriga, responde—: Es muy fácil: en una ermita (1997: 25).

También de la ambientación de la novela de campus participa *Providence,* de Juan Francisco Ferré. El protagonista es un director de cine, Álex Franco, que llega a Providence, capital del estado de Rhode Island, Estados Unidos, para escribir el guion de una nueva película y dar clases como profesor visitante en una universidad. Imparte cursos de cine, «en particular uno de teoría e historia del cine y otro, en el segundo semestre, mucho más práctico, de técnicas y narrativa cinematográfica» (2009: 14). El perfil del personaje facilita sin duda la presencia de la Teoría en la novela, pues la actividad docente justifica las reflexiones teóricas que asoman en las clases. Lo vemos, por ejemplo, en este pasaje:

> Mi segunda clase no ha ido mejor que la primera. Hace aguas por sitios imprevistos. Hoy he aceptado la actitud fugitiva de muchos de los alumnos, pero el escaso número de los presentes me ha puesto de mal humor. Cuando he iniciado la discusión sobre Hitchcock y De Palma con los escasos fieles, como preámbulo a una revisión contemporánea de la historia del cine, he percibido acrecentarse su hostilidad. Están convencidos de que soy un intruso europeo que intenta poner orden en el falso canon del cine americano. Para ellos el cine independiente es la cima del arte narrativo y el cine experimental el equivalente audiovisual de la poesía. Cuando les hago saber mi desprecio hacia esta última y, por tanto, mi rechazo a la estética experimental en cualquier ámbito, se miran contrariados y me devuelven, duplicada, la mirada despectiva, como diciéndose quién es este tío, por quién se toma y, sobre todo, por quién nos toma (2009: 180-181).

Aunque sea profesor en la universidad, lo cierto es que Álex Franco se sitúa en las antípodas «del puto prestigio de la mentalidad académica», y cuando ve que sus colegas se creen ese prestigio lo interpreta como «una extraña perversión del síndrome de Estocolmo aplicada al mundillo universitario» (2009: 283). Este tipo de comentarios, como cuando se habla de los odiosos síntomas «de nuestra cultura de especialistas» (2009: 282), va generando la ambientación característica de la novela de campus y así se consigue un escenario en el que la Teoría puede aparecer de forma coherente.

Providence es también el título de un guion que le hacen llegar a Álex Franco y que él se propone reescribir, un guion que, a su vez, es una adaptación libre de la novela de un escritor ruso titulada *Cristal líquido.* Por si fuera poco, *Providence* es el nombre de un videojuego experimental («maléfico», se dice en la novela), y es también «una monstruosa página web» y «una conspiración ocultista» que quiere imponer el mundo virtual al real (2009: 413). En algún momento, se insinúa que es además una alusión al poder de Dios, la Providencia. Y, por supuesto, *Providence* es el título de la novela que leemos. Esta curiosa propuesta de Juan Francisco Ferré es en sí misma una práctica literaria planteada desde la Teoría, al menos en lo que tiene de complejo juego narrativo.

Es sobre todo el hecho de que la realidad virtual de un videojuego cobre tanta importancia lo que lleva a plantear interesantes reflexiones teóricas que, aunque queden implícitas en la novela, su autor ha planteado explícitamente en varias ocasiones, como en el ensayo *Mímesis y simulacro.* Afirma Juan Francisco Ferré allí que quiere «seguir siendo realista», pero en un momento histórico «en que la realidad ha padecido tales mutaciones que es imposible atenerse a los viejos criterios de reconocimiento, a las anticuadas pautas de representación, a los desfasados modos de recreación de la realidad» (2011: 10). Lo que en definitiva cree Ferré es que «se hace necesario efectuar, se quiera o no, un reajuste del avejentado aparato realista a las nuevas realidades y a las nuevas condiciones de vida», con lo cual manifiesta «el deseo de un nuevo compromiso crítico con la realidad» (2011: 10-11). En *Providence,* este nuevo compromiso se manifiesta en forma de videojuego y es obvio que detrás se encuentra toda la teoría del simulacro de Jean Baudrillard, formulada a principios de los años 80 del pasado siglo. Ferré se plantea en su novela «qué es el realismo en un mundo desleído donde el simulacro se ha convertido en una categoría más de la realidad y ésta, a su vez, en una ficción ubicua y monstruosa compuesta, en primacía, de simulaciones tecnológicas y entornos de realidad alternativa» (2011: 11-12). El videojuego *Providence* es una clara muestra de que ya «se ha consumado la digitalización de la realidad» y se ha impuesto «el imperio de lo virtual», lo que da paso a «un realismo de alta definición» que muestra con claridad el «creciente dominio de lo artificial sobre todos los ámbitos de la realidad» (2011: 12).

La idea de que la nueva realidad del siglo XXI precisa de un nuevo realismo la expresa muy bien el escritor de éxito que protagoniza el relato «Pájaros enfadados. Un par de días con Bret Easton Ellis», de Robert-Juan Cantavella. El narrador del relato cuenta que una de las preguntas más típicas que suelen hacer en las entrevistas a Bret Easton Ellis es sobre el uso de las nuevas tecnologías en su obra. Y esta es la reacción del escritor:

> Realismo, responde él. Nada más que eso. Las nuevas tecnologías no han modificado la literatura, nos han modificado a nosotros. Y la literatura habla de nosotros. El New York Times en papel lo leo en quince minutos. Si leo la versión virtual me paso tres horas. Pero el que cambia soy yo. Yo soy quien quiere seguir todos esos links uno tras otro hasta perder de vista el propio periódico (2016: 27).

La misma idea de realismo recoge Juan Francisco Ferré en *Providence.* Hacia el final de la novela se explica que «lo que está en curso es una conspiración para imponer el mundo virtual al mundo real...», y, de hecho, aunque Álex Franco no se dé cuenta, ha entrado en el videojuego y experimenta «los síntomas nerviosos que anuncian el acceso a un nuevo nivel de realidad» (2009: 562-563). Es un personaje del videojuego y buena parte de lo que ha vivido a lo largo de la novela no se correspondía con vivencias reales, sino virtuales. O sea: vivencias de realidad virtual. Como diría Baudrillard, lo que el protagonista vivía y los lectores leíamos era una representación como simulacro. El filósofo francés ya avisaba en 1981 de que «el desarrollo de las tecnologías de la comunicación y la información estaba provocando la sustitución de la realidad por los *signos* de la realidad, la sustitución de la realidad por *el principio de realidad*» (Florenchie, 2013:

272). Esa sustitución es la que se lleva a cabo en *Providence,* pues el videojuego no es un juego cualquiera al que se puede decidir jugar y dejar de jugar a voluntad, sino que, una vez dentro, ya no se puede salir y la única realidad existente es la virtual.

Es obvio que en tiempos en los que se anuncia la inminencia del *metaverso* el planteamiento de la novela de Ferré adquiere sumo interés. En ese ecosistema virtual que está más allá *(meta)* del universo conocido *(verso),* la distinción entre mundo virtual y mundo físico se vuelve problemática y, con el desvanecimiento de la pantalla del ordenador o de cualquier otro dispositivo que utilicemos, se nos brinda una experiencia inmersiva como la que Ferré propone: se puede estar dentro de un videojuego y moverse por medio de un avatar que nos representa hasta la confusión.

Pero no solo Baudrillard está detrás de esta novela de Ferré; también las ideas de Fredric Jameson se manifiestan claramente. De hecho, como ha visto Amélie Florenchie, el videojuego *Providence* viene a ser en el fondo «una metáfora del capitalismo tardío, fundada en una asociación letal entre capitalismo y tecnología» (2013: 272), y ahí detectamos la resonancia de planteamientos desarrollados a fondo por Jameson. En este sentido, acaso la referencia teórica más explícita en esta novela sea la que invoca un ensayo en el que Jameson analiza *Tiburón,* la famosa película de Spielberg, una película que obsesiona al protagonista de *Providence* y sobre la que habla a menudo en sus clases. Jameson ve en el final de *Tiburón,* cuando se establece una alianza entre el policía Brody y el oceanógrafo Hooper, una buena oportunidad para realizar una interpretación de América y del control desde el poder, pero Álex Franco añade una información clave que pone en entredicho esta teoría. Al parecer, en realidad estaba previsto respetar en la película tanto la novela original como el guion, donde el oceanógrafo era devorado por el tiburón blanco, y solo un problema con el rodaje hizo que tuvieran que cambiar esa escena y «salvar» la vida al personaje. La teoría de Jameson, por tanto, descansa sobre una base muy poco sólida, una casualidad, y por eso Álex Franco la critica abiertamente:

No existía, por tanto, ninguna conspiración paranoica para ofrecer al público una versión consumible de la forma de poder, una temible combinación de ciencia, tecnología y control, ante la que debían claudicar como lectores para salvar la deteriorada imagen del país (2009: 282).

En contraposición a la teoría de Jameson, Álex Franco presenta su propia teoría, inspirada en la «capacidad de adaptación» que muestra Spielberg en su manera de concebir el cine, y la llama «realismo». Cuando se la explica a Eva, una de sus amantes, vemos cómo Ferré introduce en la novela las mismas ideas expresadas en sus ensayos:

[…] mi cine, el cine que planeo hacer en los años venideros, será todo lo creativo que sea posible en este período de la historia dentro de los férreos límites marcados por el desarrollo de la tecnología (Hooper), el orden establecido (Brody) y, agárrate con fuerza a mí, no te lo vas a creer, la maquinaria descomunal del sistema de producción (el tiburón) (2009: 290).

La idea de proponerse un cine «que sea posible en este período de la historia» y que no pueda prescindir ya del «desarrollo de la tecnología» nos recuerda la noción de realismo que defiende Ferré en sus ensayos: un nuevo realismo que incorpore el simulacro como parte de la realidad que quiere representarse. Como vemos, en *Providence* la Teoría se manifiesta o se insinúa en momentos en los que el protagonista reflexiona sobre cine, ya sea a solas o en conversación con otros, y también cuando se incorpora alguna crítica literaria o cinematográfica en la novela, gesto que va reapareciendo cada cierto tiempo, a menudo en forma de digresión.

También en *Fresy Cool,* la novela que Antonio J. Rodríguez publicó en 2012, se encuentra «la costumbre de integrar teoría» en muchos momentos (2012: 18), y también en este caso es un profesor quien la protagoniza. Se trata del peculiar Pleonasmo Chief, profesor de literatura contemporánea, escritor y crítico literario. Como afirma Guillermo Sánchez Ungidos, «el exceso domina el relato, ya no solo en el inmenso caudal de niveles narrativos, sino en el modo en que dichos niveles desestiman sus fronteras y rechazan cualquier tipo de jerarquía semiótica» (2023: 337). Los principios teóricos que sustentan la novela se encuentran explícitamente formulados dentro de ella, ya sea por parte del narrador o de alguno de los editores que entran en juego, como es el caso de Ibrahim B., que desliza comentarios como este:

> La intención aquí no es otra que nuestra voz, la de este equipo que tienes aquí delante, narrando tus peripecias y tribulaciones, tanto que tu personalidad termine por fagocitarnos, y acabes siendo tú quien se relate a sí mismo en tercera persona. No sé si me explico, ya sabes: cuanto más cerca un autor se identifica con el narrador, literal o metafóricamente, menos aconsejable es que use la primera persona como perspectiva, John Barth (2012: 28).

Estas palabras encuentran luego un cierto eco en otras de Pleonasmo Chief, dando paso ahora ya abiertamente a un conocido referente teórico:

> Y digo: «Roland Barthes: eres un paYaso. Un paYaso, ¿me oyes? Pareces *idiota,* chaval, cuando en tu *grado cero de la escritura* dices que el pretérito indefinido y la tercera persona es ese gesto fatal con que el escritor se señala su máscara. ¿Estás diciéndome que porque toda obra de ficción contenga un (más o menos) elevado número de ingredientes autobiográficos sólo es posible hablar en primera persona? ¿Te parece poco verosímil *mi mierda, tío!!!?* ¿Acaso no te gusta cómo sabe?» (2012: 37).

Los debates teóricos se cuelan entre la acumulación de referencias a la alta y la baja cultura, y entre las aventuras que vive Pleonasmo Chief con su «dama» Lola Font y con sus amigos en las noches de Madrizentro, allá por Gran Vía, Lavapiés, Malasaña o Chueca. Y son sobre todo los momentos en los que Pleonasmo Chief explicita su poética, o la insinúa, cuando más presente se hace la Teoría. Puede aludir a esa poética diciendo que lo que él quiere es «dinamitar el rollo» a través de la parodia porque así se blinda «contra cualquier mordisco a destiempo», pero también puede exponer sus principios teóricos de modo más formal, aludiendo al reciclado de métodos estructuralistas para llevarlos a la ficción, o escribiendo en su ordenador reflexiones de este tipo:

> [...] nótese que determinados epígrafes en la obra de Roland Barthes sugieren la perversión del crítico que asfixia el acto creativo con insensatos racionalismos y peligrosos decálogos sobre cómo construir una novela. Al igual que quienes identifican la omnisciencia del narrador con la herencia de una visión medieval donde un Dios Todopoderoso era capaz de hacerse eco de todos y cada uno de los actos de su prole, olvidando que cada pieza prosística precisa de distintos pactos o contratos narrativos (2012: 38).

Fresy Cool es una pieza prosística que solo acepta como pacto o contrato narrativo «la escritura libérrima», lo que en definitiva equivale a dinamitar cualquier pacto. Pleonasmo Chief exhibe sus conocimientos teóricos, pero sabe que si pretende convertirse en un teórico de la literatura tendrá que «bregar contra el nepotismo que le espera y un sistema meritocrático mejorable» (2012: 57), así que le queda la alternativa de «redactar novelas extraordinariamente teóricas sin olvidarse del corazón», y siempre que se le presente una ocasión «hablará de hermenéutica, Blumenberg, Agamben y Castoriadis, metafísica y mitos, como los de Sísifo y Edipo [...]» (2012: 58). Cuando Chief tiene pesadillas, estas se manifiestan en forma de «sueños donde aparecen escritores y referencias teóricas al texto» (2012: 67). En esta novela, la expresión «teoría del relato» se considera un oxímoron (2012: 66), acaso porque el relato *Fresy Cool* contiene su propia teoría, y nos la cuenta de distintas maneras, hablando del «preciosismo formal», del «ego del autor», del «ego del crítico», ese crítico que se apasiona identificando «las fuentes, las referencias culturales y los hipotextos de los que desciende la obra sometida a juicio» (2012: 85), hablando también de las «voces sobrepuestas que pretenden asombrar al cadáver de Barthes» (2012: 86), y de la ausencia de trama, ese «invento burgués» (2012: 86), o de lo que significa «dinamitar el horizonte de expectativas» (2012: 177).

Las incursiones en la novela de campus vienen provocadas no solo porque Pleonasmo Chief es profesor de literatura contemporánea y sabemos cómo se dirige a sus alumnos –«estamos aquí, en cualquier caso, para demostrar que la literatura que habla sobre literatura es el superyó de la literatura» (2012: 190), «estamos aquí para descubrir los mecanismos de la ficción» (2012: 301)– o qué tipo de exámenes pone –donde aparecen conceptos como narrador fiable, narrador poco fiable, narrador empírico, etc.–, sino también porque se recuerdan varios actos académicos, como un «intenso seminario de mitocrítica» (2012: 197) o unas jornadas celebradas en la Universidad de Berlín tituladas «De Sade a Palahniuk: por una poética (intertextual) de la violencia», donde el profesorado habla de Bataille, de Nooteboom, de Burroughts, de Foucault, de Bolaño, de Platón, etc., y se va imponiendo la ambientación característica de la vida académica, con presencia incluida de algún profesor de alguna universidad norteamericana que es visto como «el Tarantino de la teoría literaria» (2012: 165). Incluso aparece intercalada dentro de la novela «una novelita de campus» y la densidad teórica encuentra entonces su momento ideal para aumentar de nivel. Así, pueden aparecer referencias a la *Anatomía de la crítica,* de Northop Frye, citado por Culler en un artículo en el que se enfrenta a Umberto Eco, o referencias a *Historia y narratividad,* de Paul Ricoeur, o a William Gass, o a la semiosfera de Lotman, etc. Las reflexiones teóricas son entonces de este tipo:

> [...] Si te fijas más aún, y sólo en la medida en que, siguiendo al Ricoeur de *Historia y narratividad,* «es el postulado de clausura del sistema el que determina en última instancia, la disyunción entre lenguaje y realidad», de tal forma que habría «que sustituir la distinción estoica entre significante, significado y cosa por una distinción que contenga sólo dos términos: significante y significado», o bien, tomando como referente al William Gass de *Fiction and the Figures of Life,* «al igual que el matemático y el filósofo, el novelista construye cosas a partir de conceptos, y, en consecuencia, los conceptos deben ser su inquietud crítica [...]» (2012: 301-302).

La novela de campus es, claramente, una modalidad narrativa ideal para invocar la Teoría con absoluta normalidad, pero otras alternativas son posibles mientras logren que lo teórico quede bien justificado. Para eso, es clave el perfil de los personajes a través de los cuales entra la Teoría en la obra. Como es lógico, tiene que tratarse de un perfil adecuado para que las reflexiones de esos personajes adquieran un cierto nivel intelectual y encaje en ellas bien cualquier referencia teórica. Solo así la Teoría puede aparecer explícitamente sin que parezca un cuerpo extraño en medio del texto.

Este es el camino que escoge Raquel Taranilla en su novela *Noche y océano* (2021). Fuera de la ficción, esta autora había ya usado la Teoría en *Mi cuerpo también,* una obra en la que combina ensayo y crónica testimonial para explicar su experiencia con la enfermedad del cáncer. Taranilla cuenta esta historia tan íntima incorporando en sus reflexiones con toda naturalidad referencias a Susan Sontag *(La enfermedad y sus metáforas),* a Michel Foucault *(El nacimiento de la clínica),* a John L. Austin (cuya teoría de los actos de habla aparece explicada y ejemplificada para que se entienda bien), a Vladímir Propp (para explicar que «los relatos del cáncer son infinitos pero todos comparten una matriz narrativa») y a otros nombres importantes de la Teoría. Podría parecer extraño que aparezca la Teoría en un texto tan íntimo, pero precisamente esa es la cuestión: cuando alguien se ha formado en la Teoría, los conceptos teóricos asimilados forman parte del repertorio de referencias personales desde los que se piensa y se escribe.

Con *Noche y océano* estamos ya ante una novela en la que la Teoría aparece y reaparece de forma espontánea, gesto que viene facilitado por el hecho de que la narradora se dedica a la docencia universitaria y realizó una tesis doctoral sobre «la dimensión comunitaria de la literatura en la obra de György Lukács» (2021: 49). El detalle de la tesis explica por qué esta narradora puede permitirse comentar obras literarias como *Las ilusiones perdidas,* de Balzac, a partir de la mirada del teórico húngaro: «Lukács tenía en gran estima esa novela y la consideraba el inicio de la literatura de la desilusión, que surge, en su opinión, del choque entre el individuo (cargado de dones y sueños) y la sociedad burguesa» (2021: 53).

Noche y océano se centra en la historia que cuenta Beatriz Silva a partir de un hecho curioso: el robo del cráneo embalsamado del director de cine mudo F. W. Murnau. De entrada, no parece un tema idóneo para invocar la Teoría, pero si esta aparece es porque quien cuenta la historia es una persona culta con una clara formación teórica y no es extraño que su pensamiento se deslice con frecuencia hacia lo teórico. Cuando lee en un periódico digital lo que opinan algunos lectores sobre la noticia del robo del cráneo de Murnau, por ejemplo, encuentra el comentario de alguien que, como es habitual en estos casos, firma con nombre falso (Barthes) y este detalle la lleva a hacer esta reflexión:

> Su aportación, puesta allí tras todas las anteriores, me llevó a acordarme de aquella distinción entre lo legible y lo escribible que propuso el otro Barthes, Roland, en su libro *S/Z*. Como no tenía ánimo para nada aparte de esperar a que Quirós apareciese, me dediqué un rato a leer mi ejemplar de *S/Z*, como pasatiempo. Un texto es legible cuando la posibilidad que ofrece es leerlo o rechazarlo, cuando nos sitúa ante un dilema: convertirnos en lectores de ese texto o preferir no serlo. Un texto es escribible cuando hace del lector un productor del texto, que no un mero consumidor. «Nuestra literatura está marcada por el despiadado divorcio que la institución literaria mantiene entre el fabricante y el usuario del texto, su propietario y su cliente, su autor y su lector», afirmaba Barthes y lamentaba, seguidamente, lo difícil que es encontrar textos escribibles en las librerías (2021: 68-69).

No tarda en aparecer otra referencia a Barthes, esta vez a partir del libro *Mitologías* (también *Fragmentos de un discurso amoroso* tendrá su momento), y más tarde una rápida alusión a Slavoj Žižek y al concepto de intertextualidad («esa teoría que considera que todo enunciado en realidad retoma y reelabora otro anterior o es el eco de un discurso previo»), y así vamos acostumbrándonos a estas referencias teóricas intermitentes (ahora Bataille, ahora Steiner, luego Kristeva…) que no solo confieren cierta densidad al texto, sino que, además, contribuyen claramente a caracterizar a la narradora (2021: 100-108). En este sentido, merece destacarse el momento en el que Beatriz, muerta de curiosidad, se hace con el libro que un lector leía apasionadamente en la biblioteca y decide comentarlo. Se trata, para empezar, de *Los tiempos hipermodernos*, de Gilles Lipovetsky, autor importante en el campo de la Teoría. Beatriz va comentando, e incluso a veces citando literalmente, lo que el lector apasionado había subrayado del libro y asoman entonces nombres como los de Foucault, Bourdieu, Tocqueville o Heidegger, además de interesantes reflexiones sobre la lectura que tienen ya de por sí un valor teórico (2021: 261-271).

Por otra parte, hay que reconocer que la densidad teórica de la novela se ve reforzada también por las muchas notas a pie de página que aparecen, las continuas referencias a escritores y las pinceladas de teoría cinematográfica.

Mercedes Cebrián es otra autora claramente familiarizada con la Teoría, como puede apreciarse en algunas de sus obras. En *Cocido y violonchelo,* por ejemplo, vemos cómo la protagonista, una estudiante de música (de violonchelo), puede contarnos algo tan trivial como que no ha sido capaz de acostumbrarse a una bebida rusa que se había empeñado en probar (el *kvas*) invocando nada más y nada menos que la teoría de la desautomatización de los formalistas rusos:

> No ha habido manera, y eso que en más de una ocasión me he servido medio vaso por ver si me iba encariñando con el líquido color Pepsi. Me pasó con el cilandro: del extrañamiento más absoluto pasé a la veneración de esa hierba que, sí, estoy de acuerdo, sabe a jabón. Pero con el *kvas* no se me va el *ostranénie,* el extrañamiento que el teórico formalista Víctor Shlovski detectó como uno de los principales modos de operar del arte, y que nos invita a ver objetos desde una óptica no familiar (2022: 125).

Más esperable es encontrarse en este libro (y así sucede, en efecto) referencias a la teoría musical, como cuando se cita *El sonido,* del teórico francés Michel Chion, para establecer una diferenciación entre sonido y ruido (2022: 17-18). Dadas las características de la protagonista, una apasionada por la música, estas referencias teóricas parecen más adecuadas o, al menos, más verosímiles. Pero lo cierto es que, a medida que vamos leyendo *Cocido y violonchelo,* van asomando cada vez más citas de teóricos de distintos ámbitos y comprendemos que la formación de Mercedes Cebrián (licenciada en Ciencias de la Información y con un Máster en Estudios Culturales Hispánicos) y el carácter biográfico del libro (aunque su configuración es claramente literaria) hacen que la Teoría en general sea invocada con absoluta naturalidad. Así, para reforzar el argumento que la lleva a cuidar especialmente sus manos, la narradora recoge una cita del teórico del arte Ernst Fischer que termina con estas palabras: «La mano es el órgano esencial de la cultura, la iniciadora de la humanización» (2022: 42). Poco después se parafrasean las explicaciones que ofrece el sociólogo Richard Sennett (a quien la narradora considera su «ensayista de cabecera») en *El artesano* sobre los callos de las manos:

> Sennett explica que estas callosidades constituyen un caso particular de lo que él llama «tacto localizado», que, paradójicamente, no insensibiliza el acto de palpar, sino que estimula la sensibilidad de las yemas de los dedos. Sennett compara la función del callo de los dedos con la del zoom en una cámara fotográfica (2022: 43).

Por supuesto, son los intereses musicales los que dominan en este libro que es, en el fondo, un elogio apasionado de la música. La pasión lleva a la narradora a afirmar que la música «tiene un poder para el cosquilleo y para la evocación que ya lo quisiera la literatura» (2022: 67), y también a recordar que en la Alemania del siglo XVIII surgió la teoría de los afectos, «que comparaba la música con la retórica» (2022: 67). Pero lo interesante es que algunos comentarios van más allá de lo musical y abrazan el sentido último de toda Teoría. Lo vemos, por ejemplo, cuando la narradora recuerda que pregunto al compositor de una cancion de rock si tenia conocimientos musicales y, al descubrir que no, desliza esta reflexion:

> Muchos adultos tienen miedo de la teoria musical: lo que quieren es gozar, experimentar, vivir esos verbos tan placenteros que producen una aparente sensacion de libertad, pero prefieren ignorar lo que estan haciendo, lo que esta en juego estetico en ese goce (2022: 34).

A la narradora le parece que quienes se comportan asi lo hacen «como si el saber teorico fuese incompatible con la vida» (2022: 34) y ella se posiciona del otro lado:

> En cambio, para algunos de nosotros –vease quien teclea este parrafo– conocer la mecanica de lo que hacemos es doblemente placentero. Nos parece que la vida esta ahi presente mucho mas que cuando se mata la tarde entre canas (2022: 34).

Ahi lo tenemos: conocer la mecanica de lo que se hace es la esencia de la Teoria y los autenticos creadores no pueden prescindir de ella. Otra cosa es que decidan explicitarla luego en sus creaciones o no, pero el conocimiento teorico va ligado a la practica artistica de calidad y de algun modo esto es lo que parecen decirnos los autores que usan la Teoria en sus obras, sea de la forma que sea.

Y ya que hablamos de obras que surgen de un roce entre sistemas, de una friccion, es facil acordarse de *Fricciones,* libro de relatos de Pablo Martin Sanchez, otro escritor formado en la teoria literaria y, de hecho, autor de una tesis sobre el OuLiPo y el hipertexto. El titulo del libro es un claro guino a Borges, pero en este contexto sirve tambien para ilustrar el cruce o roce entre sistemas que da paso a las ficciones hibridas. El relato titulado «Etc.» es quizas el mas representativo de este fenomeno. Encontramos en el a un narrador que nos cuenta que ideas tiene un autor que esta empezando a escribir un texto y asoman enseguida algunos conceptos teoricos:

> Por supuesto, el escritor (que ha decidido hablar en tercera persona por boca de un narrador omnisciente) no busca la originalidad (faltaria mas: ¡es un autor posmoderno!), pero cree que un inicio sorpresivo, incluso en cierto modo provocador, puede venirle bien al relato (2011: 69-70).

Lo del narrador omnisciente es muy conocido como para desconcertar a alguien, pero la conexion entre ser un autor posmoderno y el rechazo a la originalidad ya requiere algo mas de conocimiento sobre ciertas nociones teoricas, como podria ser la de la intertextualidad u otras que de algun modo podrian remitir a lo que en 1967 John Barth denomino la *Literature of Exhaustion.* Enseguida el narrador sigue contandonos las intenciones del autor y mas referencias teoricas se van abriendo paso:

> [...] sabe que quiere escribir algo... como decirlo, algo... no le gusta la palabra, pero en fin, algo metaliterario, escribir que esta escribiendo, escribir la escritura, en definitiva... [...] pero al mismo tiempo le gustaria darle al relato unas pinceladas, como decirlo, autoficticias, tampoco le gusta el termino, pero en fin, si solo pudiera usar las palabras que le gustan... (2011: 70).

El resto del relato sigue construyéndose a partir de un magnífico gesto autorreflexivo del que no se libran ni siquiera la dedicatoria y el epígrafe, y que además cuenta con metáforas de apoyo para insistir en la intención especular que anima esta escritura, como «la imagen de un cajón de doble fondo», o «una cinta de Moebius y la botella de Klein de Arreola» (2011: 70). De paso, se invocan autores como Carpentier, Adamov, Gracián, Valéry y Cortázar como interlocutores de la tradición literaria con los que el escritor está dialogando mientras construye su relato.

Aunque de forma bastante contenida, también Sara Cordón convoca a la Teoría en su original novela *Para español, pulse 2,* en la que la protagonista «está sacándose la suficiencia investigadora de un doctorado en literatura» (2018: 7) y además consigue una beca para cursar un máster de escritura creativa en español en la Metropolitan University of New York. Ya tenemos ahí el perfil ideal para que la Teoría haga acto de presencia y no resulte una sorpresa. Por otra parte, cuando Sara, la protagonista, sigue su curso en esa prestigiosa universidad neoyorquina y se relaciona con los otros estudiantes y con los profesores, la sombra de la novela de campus planea sobre esta obra, así que las reflexiones teóricas o las alusiones de algún tipo a la Teoría se hacen incluso previsibles. Nada extraña, por ejemplo, que un estudiante argentino, doctor en letras y director de una editorial, se presente diciendo que se ha centrado «en el estudio de las teorías de la recepción» (2018: 29); o que, después de ciertos comentarios que hace el personaje Marica sobre las últimas tendencias que marcan un cambio de paradigma en la literatura, el narrador comente que «desde que está leyendo teoría literaria para cursar el doctorado, La Marica analiza todo de una forma sofisticada» (2018: 18); o que Sara, que dará clases *online* de escritura creativa para una escuela de Madrid en la que antes trabajaba como recepcionista, vaya anotando en las correcciones que hace de los textos de sus alumnos fórmulas comodines que no dejan de incorporar una dosis de Teoría: «Ya sabes que en literatura, menos es más», «debes preguntarte qué te pide el personaje», «una cosa es el realismo y otra, el principio de verosimilitud», etc. (2018: 77-78). La misma Sara, cuando habla con sus compañeros de la novela que está escribiendo y sobre la que uno de ellos le dice «es como tu vida, pero andas cambiando cosillas, ¿no?», comenta: «Es que es una autoficción. No todo tiene que ser real» (2018: 97). Uno de los profesores, al referirse en clase a la novela que está escribiendo Sara (gesto que hará que la metaficción entre en juego y *Para español, pulse 2* se repliegue sobre sí misma), dirá que «ahora está de moda eso que llaman la ego-literatura», y avisa a sus alumnos:

> [...] si os dedicáis a estas escrituras del «yo», os advierto de que os encontraréis con algunas dificultades: la primera será conseguir que el lector establezca con vosotros un pacto autobiográfico, es decir, debéis conseguir que la ficción del personaje que os representa resulte verosímil.

> [...] Tened en cuenta que si no se manejan bien las licencias ficcionales puede destruirse el pacto autobiográfico (2018: 99-100).

Irónicamente, Sara Cordón titula uno de los capítulos «Campo literario» y, cuando esperaríamos entrar en algún planteamiento de sociología de la literatura, lo que en realidad encontramos (aunque se insinúa una clara metáfora allí) es un campo de fútbol en el que se enfrentan los jugadores del equipo Furia literaria, que son los compañeros de curso de la protagonista, a los jugadores que cursan otro máster. Pero dejando de lado la ironía, lo cierto es que a lo largo de toda la novela vamos viendo cómo funciona un campo literario de verdad porque los personajes son aspirantes a escritores (y competidores entre sí) que continuamente van comentando aspectos que tienen que ver con las instituciones (sobre todo con editoriales), con los agentes importantes (escritores consagrados, editores importantes…), con el mercado, con los lectores y, por supuesto, con los escritores profesionales, que buscan siempre «las mejores alianzas posibles» (2018: 277-278). Y también van comentando la novela de la que forman parte, pues el gesto metaliterario reaparece cada cierto tiempo y la novela se convierte así en una *work in progress*. De hecho, uno de los profesores del máster va haciendo de vez en cuando balance de lo que Sara lleva escrito, como vemos en este ejemplo:

> […] este libro se está construyendo desde muchas perspectivas. Hay una voluntad de representarlo todo y de ser hiperconsciente de lo que pasa alrededor de la protagonista. En este sentido, es una especie de panóptico que, al mismo tiempo, resulta incapaz de mostrar nada en profundidad, ni siquiera los afectos (2018: 230).

La novela se termina en el nivel extradiegético cuando se termina también en el nivel intradiegético, es decir, cuando Sara Cordón, autora y protagonista, ya ha terminado *Para español, pulse 2* y anuncia la presentación del libro en las redes sociales. Metaficción y autoficción llegan entonces a su fin.

El gesto metafictivo acompaña también la escritura de *Examen Final,* de José María Pérez Álvarez, una novela protagonizada por un escritor fracasado que no logra que *Proceso de descomposición,* su última obra, interese a alguna editorial. *Examen Final* está narrada usando la segunda persona del singular, salvo en un breve pasaje en que se opta por el estilo del catecismo de preguntas y respuestas (al modo en que Joyce utiliza este recurso en el *Ulises*), y esa segunda persona se vuelve autorreflexiva en ocasiones para dar paso a comentarios sobre la forma de escribir del protagonista, como ocurre en este caso:

> Suena la sirena de una ambulancia. Es entonces cuando te replanteas si no tendrás ya nada que decir, que el abismo de la agrafía constituye un peligro real y quizá ineludible porque tú sólo sabes escribir acerca de ti y llevas toda la vida haciéndolo y tu YO está agotado. ¿A quién puede interesarle tu yo? Ni siquiera a Erótida. Como careces de teorías literarias abres una lata de cerveza. Piensas en lo que escriben tus colegas. Ellos parecen comprender los mecanismos del mundo −y de la crí(p)tica literaria−: personajes que dialogan, viajan, aman, odian, asesinan, viven. En cambio, en tus novelas siempre hay un protagonista masculino ensimismado y quejica que pasa la vida sufriendo. Y ese ensimismado, quejica,

llorón, hipocondríaco, insoportable, pesimista y pejiguero eres tú. Padrejón, palabra de Erótida. El monstruo. Y ese TÚ no le interesa a nadie. Créeme: hay demasiados yoes en el mundo de la literatura, mucho yo aberrante (2014: 57-58).

Aquí la Teoría prácticamente brilla por su ausencia, pues se la cita para decir que no se la conoce (tampoco a la crítica, por demasiado críptica); sin embargo, varias reflexiones que van deslizándose a lo largo de la novela tienen un claro interés teórico, como cuando la segunda persona narrativa le dice al protagonista «eres el narrador diegético de tu vida», y justo antes encontramos este largo comentario:

[...] ergo, la poesía es, en efecto, un arma cargada de futuro, de negro futuro. Un arte con palabras como sinalefa, hemistiquio, tetrástico, pentapodia, nicárqueo, anadiplosis, silepsis, polisíndeton, tetrásforo, epanadiplosis o quiasmo, no puede resultar inocente. Es una perversión (2014: 117).

Desde el resentimiento, el escritor fracasado reflexiona a veces sobre las obras de éxito comercial, las que logran lo que él no va a lograr jamás: interesar a muchos lectores. En esos momentos se abre paso alguna reflexión de tipo teórico, incluso en clave paródica, como vemos cuando, en medio del discurso, aparece un paréntesis digresivo para justificar la frase «la reiteración es la fórmula de los best sellers»:

(Digresión impertinente: te imaginas a una editorial que contrata a un licenciado en química para que estudie y obtenga la fórmula de los milagrosos superventas. «Analice, investigue, decante, mezcle, procese, aísle, pero dé con esa fórmula al precio que sea». El licenciado, entre redomas, gradillas, tubos de ensayo, alquitaras, microscopios y ordenadores, trafica con los principios manipulados: sectas, bajeles, criptas, sexos, signos zodiacales, asesinatos, apariciones, fantasmas, ángeles, demonios, conspiraciones, evangelios, cábalas, catedrales, islam, catolicismo, paparruchas, uniformes, escorpiones. El Grial, resucitados, misterios, atentados, profecías, apocalipsis, cruzadas, orfanatos, arcas, terremotos, sábanassantas, sabanashúmedas, nubesdealgodóndulce, incestos, monstruos, maldiciones, melocotonesenalmíbar, hipertrofias: el cóctel tiene que salir. ¡Eureka! Y ahí aparece el producto envasado, dispuesto para el consumo: ni estreñimiento ni diarrea. Perfecto de calorías. Consumir antes de la fecha de caducidad. ¿Qué grande es la literatura!) (2014: 82).

Otro claro ejemplo de caracterización de un personaje ajustándolo a un perfil que haga coherente, y sobre todo verosímil, la entrada de la Teoría en la ficción lo tenemos en la novela *Fred Cabeza de Vaca,* de Vicente Luis Mora. Los usos que de la Teoría hace este autor en sus obras han sido analizados con profundidad en el artículo de Guillermo Sánchez Ungido «*Free f(r)iction.* Deslizamientos teóricos en la narrativa de Vicente Luis Mora». Una obra como *Circular,* por ejemplo, incluye «casi todas las teorías y técnicas modernas, tanto de la propia crítica literaria como de la artística, y de casi todos los estilos literarios y tendencias actuales», según afirma el propio autor (2003: 215).

En el caso de *Fred Cabeza de Vaca,* el protagonista es un artista y crítico de arte bastante peculiar sobre quien se está preparando una biografía, tarea para la que la biógrafa va recopilando material muy heterogéneo (fragmentos de un diario personal, apuntes de memorias, *e-mails,* entrevistas, artículos de crítica de arte, etc.), y en esa investigación la Teoría se abre paso de forma espontánea con una cierta frecuencia. De hecho, ya en la «Introducción» se alude a «la temible *falacia biográfica*» como posible riesgo que conviene evitar, y de esta manera queda invocada una de las principales denuncias que hicieron los *new critics* a la crítica literaria tradicional. Más tarde es el propio artista quien entra en detalles:

> Uno de los mayores errores críticos que pueden cometerse es la *falacia biográfica:* pensar que las obras artísticas vienen impulsadas siempre por vivencias personales del autor, o por resortes secretos de su periplo vital o afectivo. Nunca me han interesado las interpretaciones psicoanalíticas o psicobiográficas, ya sean de otros hacia otros, ya sean de otros hacia mí (2017: 119).

En este párrafo la Teoría está siendo usada de forma muy explícita, y así ocurre también en otros muchos momentos. Ya el hecho de que el protagonista de la novela se dedicara profesionalmente a la crítica artística y al comisariado de exposiciones hace que resulten coherentes las muchas citas («según Wittgenstein…», «¿no decía Susan Buck-Mors…», «como decía Bernhard…») que van acumulándose en los distintos documentos (diarios, artículos de crítica del arte, etc.) que la biógrafa va consultando y de los que deja constancia. Uno de esos documentos es un extracto de las *Conversaciones con Eckermann* que al parecer mantuvo no Goethe, sino Cabeza de Vaca, y allí leemos una declaración del artista que no puede dejar de resultar familiar al lector de los trabajos del filósofo Jacques Derrida:

> Ése es el secreto: crear un problema y presentarte a continuación como la solución más eficaz y rápida. Es decir, mostrarse como *pharmakon,* veneno y antídoto al mismo tiempo (Hurbert y Mauss señalaron la ambivalencia de ese término casi un siglo antes que Derrida, en su *Essai sur la nature et la fonction du sacrifice* de 1899). Funcionó sin complicaciones (2017: 44).

Muy poco tarda en llegar, también en boca de Cabeza de Vaca, uno de los fragmentos clave de la novela desde el punto de vista de los usos que en ella se hacen de la Teoría:

> El hueco era una ausencia total de pensamiento singular en el arte contemporáneo, ahogado bajo capas y capas de teoría clonada. Con singular me refiero a un pensamiento original y propio, característico del pensador que lo emite. Frente al *pensamiento* por venir, en aquella época triunfaba la Teoría, un conglomerado o superestructura de citas, un constructo conceptual reticular que funcionaba por acumulación, pero esa teoría resultaba ser alérgica a la reflexión sostenida y libre sobre cualquier asunto. Lo revolucionario, en aquel momento, era elaborar una teoría de la fotografía sin citar a Barthes, o hablar de

original y copia prescindiendo de Walter Benjamin. La Teoría se dedicaba a elaborar una y otra vez lugares comunes, resumiendo sin descanso la *koiné* de los mismos autores y reflexiones. El pensamiento crea espacios, mientras que la teoría se limita a añadir ladrillos al mismo edificio [...] (2017: 45).

Pensamiento auténtico, original, frente a Teoría acumulativa y consabida. Esta crítica a la Teoría posmoderna reaparece más tarde, cuando Fred Cabeza de Vaca elogia en sus apuntes para memorias a Arthur C. Danto por citar a clásicos de la filosofía, como Kant o Hegel, y no a los autores de moda a quienes todo el mundo citaba:

> La inmensa mayoría de críticos citaba a filósofos posteriores a 1950: Foucault, Barthes, Agamben, Rancière, Badiou, y luego a no-filósofos que algunos hacían pasar por tales y que eran citados de seguido porque *se les entendía:* Borriaud, Augé, Baudrillard, Bauman, pensadores débiles o sencillitos al alcance de críticos de arte cuya formación se limitaba a Historia del Arte y las correspondientes asignaturas de Teoría del Arte y estética [...] (2017: 62-63).

Es obvio que Fred Cabeza de Vaca desconfía de los teóricos que han acumulado capital simbólico, prestigio, a fuerza de ser citados una y otra vez en distintos contextos y extender nuevos conceptos por todas partes, y en una conversación se lo deja bien claro a uno de sus colegas artistas, curiosamente después de usar palabras como «campo» o «habitus» sin citar a Bourdieu: «Existen incontables teóricos intentando formular en su casa neologismos que trasciendan: radicantes, rizomas, épocas líquidas, subalternidades, etcétera. Casi ninguno podrá lograrlo» (2017: 93). Pese a esta desconfianza en los teóricos, lo cierto es que Cabeza de Vaca ha aprendido cosas importantes de la Teoría y no puede dejar de demostrarlo en algunos momentos, como cuando escribe en su Diario:

> Ayer corregía un texto de Ramiro para el catálogo de un amigo, y le dije por teléfono que mejor no utilizase el concepto *Occidente,* que es una invención y una terminología dudosa, citándole a Edward Said, Juan Goytisolo y otros pensadores (2017: 261-262).

Con estos ejemplos de *Fred Cabeza de Vaca,* podemos comprobar una vez más cómo la Teoría puede ser usada de forma muy explícita en una novela gracias a que el perfil de los personajes justifica ese gesto y lo hace verosímil. Es lo mismo que encontramos en *Los turistas,* de Jorge Carrión. El protagonista de la novela, Vincent Van der Roy, es un hombre culto y a la vez una especie de *flâneur* posmoderno que, gracias a su holgada situación económica, puede permitirse el lujo de viajar improvisadamente por todo el mundo siguiendo a alguien que le ha llamado la atención. En uno de sus viajes, coincide en un avión con el actor Harrison Ford y el director Ridley Scott, y los tres mantienen una interesante conversación en la que se abre paso la teoría fílmica. Así, Ridley Scott encuentra el contexto ideal para manifestar sus ideas sobre cine:

> Se me ocurre que sería mucho más arriesgado o interesante plantearse un proyecto ambicioso, en tres o cuatro partes, donde los auténticos protagonistas casi no aparezcan, donde el protagonismo recaiga en la propia ficción, en su materia, en sus tonos, en sus inflexiones,

en sus géneros y subgéneros, no sé si me explico, en sus ideas incluso, de modo que los héroes, que como todos los héroes de hoy serían en realidad al mismo tiempo antihéroes, sólo pudieran entenderse a través de los cientos de reflejos que su historia ha ido dejando en todo lo que, directa o indirectamente, los rodea, historias, personajes, anécdotas, reflexiones, como si en el proyecto ellos fueran el agujero negro y todo el universo que los rodea les diera finalmente sentido (2015: 60).

Que los héroes actuales sean en realidad antihéroes parece una idea deudora de la noción de «héroe problemático» manejada por Georg Lukács en su *Teoría de la novela,* pero no aparece ninguna alusión directa al teórico húngaro. Más tarde, en cambio, sí que aparece una cita directa a Guy Debord, otra figura importante de la Teoría. Ocurre cuando Van der Roy viaja a Sudáfrica y decide hacer un *tour* por el parque Kruger, observando distintos animales. Allí coincidirá con un artista y con un estudiante de literatura y de artes visuales, así que de nuevo tenemos a un personaje con el que resulta verosímil mantener una conversación de cierto cuño intelectual, requisito indispensable para que cualquier referencia teórica quede justificada. Van der Roy y el estudiante hablan de «cine experimental», de «películas artísticas» y, en medio de un interesante cruce de ideas, asoma la alusión a Debord:

> —Yo también hago cosas raras, películas artísticas —subraya, divertido.
>
> —Me interesa, me interesa —añade el chico, que ha dulcificado su expresión durante la charla—, porque soy consciente de que el cine de Hollywood está en un callejón sin salida y que si me interesa contar historias tengo que comenzar a estudiar también todas las alternativas posibles… Por eso estoy leyendo este libro. —Le enseña una edición de *La sociedad del espectáculo* en inglés.
>
> —Yo también leí a fondo a Debord cuando era joven. Haces bien, estúdialo, aunque sea para discrepar. Él vivió en una época en que la revolución era casi posible, pero sus ideas todavía son útiles, para entender un mundo que él no supo adivinar (2015: 72).

En algunas obras, el uso de la Teoría no es demasiado explícito, pero se nota que la Teoría está ahí, de forma soterrada, dando sentido al proyecto literario planteado por el autor. Esto significa que la Teoría ha quedado incorporada de forma sutil, puede que incluso de forma muy original. En este sentido, cabe destacar el brillante y ambicioso ejercicio de intertextualidad que lleva a cabo Sabino Méndez en la novela *Literatura universal,* en la que el narrador construye un relato autobiográfico en el que incorpora con toda normalidad continuas referencias a la tradición literaria que quedan luego explicitadas en una nota a pie de página. No se trata, por lo tanto, de incorporar citas ajenas en el texto que se está escribiendo, entrecomillándolas, sin más, sino de aprovechar material extraído de otras obras para contar la historia que se quiere contar y luego, en un gesto de honestidad, declarar de forma marginal el origen preciso del material aprovechado.

La maniobra recuerda al concepto de *voces enmarcadas* que manejó Mijaíl Bajtín, un concepto que está en la base de la intertextualidad. A Bajtín le interesaba observar qué ocurre cuando un texto utiliza material extraído de otro texto, qué transformación se produce con el cambio de contexto, cómo el nuevo texto impone su ideología, sus intereses, al material aprovechado. Al entrar en un nuevo marco, todo lo que procede de otro lugar queda enmarcado y pierde su función original para pasar a desempeñar una función secundaria, al servicio de intereses ajenos. En la novela de Sabino Méndez esto es exactamente lo que ocurre. Las palabras que el autor toma prestadas de Horacio, de Walt Whitman, de Henry James, de Rafael Sánchez Ferlosio, de Séneca, de Paul Celan, de William Faulkner y de tantos otros (la lista es larguísima, rica y muy variada) se ponen al servicio de la narración de las aventuras y desventuras de Simón Be y sus amigos, Julio Cárdenas, Paco Valls, Ramón Medinas Bezós y algunos más (Omar, Ander). El diálogo intertextual se mantiene a lo largo de toda la novela porque no dejan de intercalarse versos o frases que proceden de la tradición literaria, pero el hilo argumental no se rompe nunca a causa de la resonancia de esos ecos que proceden de voces muy variadas de la literatura universal, de modo que la intertextualidad funciona en este caso sobre todo como un recordatorio de lo que decía T. S. Eliot en su famoso ensayo *Tradición y talento individual,* en el que ofrecía una imagen sincrónica de la tradición, como un conjunto de textos que están allí como referentes para que, en el momento de la creación, el escritor pueda dialogar con ellos con absoluta libertad y como si tuvieran una existencia simultánea.

Avanzada la lectura de *Literatura universal,* la presencia hasta entonces soterrada de la Teoría se vuelve explícita a través de un gesto metaliterario con el que el narrador se plantea cómo podría contar sus experiencias y pone al descubierto la esencia de su práctica narrativa:

> Dado que no confío en mis dotes, he pensado que podría hacerse cogiendo palabras de otros. La historia de la humanidad está llena de escritores brillantes que hablaron de prácticamente casi todo. Se podrían usar sus frases para contar nuestra historia.

> Usar, cuidado; no copiar. No sé si eso será delito o una práctica inmoral. Pero, leyendo con orden y con la ventaja de saber lo que buscaba, he entrevisto en páginas ajenas las vidas de mis amigos y, bajo la luz de las velas o del ordenador portátil, he percibido momentos absurdos y solitarios, hermosos de una manera indiscutible. Vislumbres de una brevedad y fugacidad leve e inútil, tal como exactamente fueron muchos de los sueños verbales que distrajeron y enamoraron a mis amigos en diversos momentos de sus vidas (2017: 275).

De nuevo vemos que no hace falta plantear una novela de campus para invocar la Teoría con naturalidad, por mucho que esa modalidad facilite considerablemente este gesto. Lo importante una vez más es que quien use la Teoría dentro de la novela sea un personaje que haga coherente ese uso. El narrador de *Literatura universal,* claro trasunto del autor, es un escritor de canciones que se enfrasca en la lectura de muchos libros «para licuar todo su juego de palabras» (2017: 266), que asiste a reuniones donde se habla de literatura y que, en su afán por dominar cada vez más los recursos literarios, llega a conocer «las finuras profesionales con tacto mental de guante de cabritilla propias de la teoría literaria» (2017: 266). Así, no es nada extraño que en un momento determinado hable de «la época del estructuralismo (tan absorto en sus tramas, sus estructuras, sus andamios, sus tejidos, sus mallas y ligueros)» (2017: 282).

La tercera parte de la novela lleva un título que prefigura ya la inminencia de la Teoría: «Hermenéutica. Malas interpretaciones». No es por casualidad que algunas de las notas a pie de página en esta parte remiten a obras de Paul de Man, Maurice Blanchot, George Bataille, René Étiemble, Gérard Genette, Roland Barthes o Jean-François Lyotard.

Con los ejemplos mostrados hasta aquí no solo vemos la importancia de encontrar un camino verosímil para la entrada de la Teoría en la ficción, sino también cómo las ficciones construidas con materiales procedentes de la Teoría ganan en calidad cuando los conceptos teóricos quedan incorporados en ellas con espontaneidad, y no como un añadido forzado, es decir, cuando lo teórico acaba siendo «un elemento literario más, con una función y un propósito determinados» (Sánchez Ungidos, 2021: 3). No se trata, pues, de lucir la Teoría para demostrar que se la conoce, sino de usarla con fines creativos, incorporándola en la obra como un material que, debidamente moldeado, puede contribuir a lograr una cierta eficacia estética.

Algunos de los autores citados hasta el momento forman parte del proyecto de la denominada *narrativa mutante,* una generación de escritores que usan la Teoría con bastante frecuencia sencillamente porque consideran que forma parte de su hábitat natural, del mundo contemporáneo que pretenden reflejar artísticamente en sus obras. Digamos que en estos casos es como si la Teoría estuviese en el ambiente y se la respirara como se respira el aire invisible, con absoluta naturalidad. Advertimos así otro interesante uso de la Teoría.

7.3. Uso ambiental de la Teoría

Inspirándose en la semiótica de Yuri Lotman, Wladimir Krysinski afirma en *Encrucijada de signos* que «la novela es un sistema modelizante secundario en la medida en que su constitución textual implica la formación y la forma de modelos variables de la realidad» (1997: 29). Como sabemos, la realidad de cada época es sumamente compleja, pues abarca el paradigma científico dominante, las ideologías en juego, las formas artísticas existentes y muchos otros aspectos socioculturales. De ahí que Krysinski vea la novela como «forma en movimiento que ha tenido que responder a los condicionamientos del medio y a los datos heredados» (1997: 79). Lo decía ya Bajtín: «la novela se halla en contacto con los elementos del presente imperfecto, lo que impide que el género se petrifique» (1989: 472). De hecho, podría concebirse la evolución de la novela moderna como un árbol con un tronco común y varias ramas que van modulando ese tronco con el paso del tiempo, mostrando posibles variantes de lo que el género pretende siempre mostrar: la realidad esencial de cada época y del ser humano dentro de ella. Como la realidad es cambiante por definición, también la manera de reflejarla, las técnicas usadas para ello, tienen que ir cambiando, y es así como van surgiendo nuevos caminos creativos, nuevas ramas en el árbol.

De algún modo, esto es lo que ya Theodor Adorno intentó explicar a Lukács en la famosa polémica en torno al realismo protagonizada por ambos. Para Lukács, el arte de vanguardia se desentendía de la realidad, le daba la espalda, y mostraba así una imperdonable falta de compromiso social, mientras que Adorno veía en él otra forma de realismo y hasta de arte comprometido, pues le parecía que las técnicas vanguardistas eran la nueva manera de reflejar una nueva realidad. La visión de Lukács se ajustaba a la teoría del reflejo de base marxista, pero Adorno, como representante de la escuela de Frankfurt, contribuyó a sustituir la *metáfora del reflejo* por la *metáfora de la mediación* para llamar la atención sobre un aspecto crucial: entre la realidad que quiere reflejarse y la obra que la refleja media la técnica literaria, los recursos o procedimientos con los que el lenguaje literario logra representar artísticamente lo real. Gracias a esta apreciación, el marxismo se acercaba considerablemente al formalismo y dejaban de ser tendencias completamente opuestas.

Es importante recordar este episodio para el caso que vamos a plantear ahora, que es el de quienes usan la Teoría en sus obras convocándola abiertamente porque la consideran un elemento integrante de la realidad posmoderna que quieren reflejar. La narrativa mutante y la poesía pospoética pueden servirnos perfectamente de ejemplo para ilustrar este caso y también para mostrar algunas de las cuestiones más interesantes que plantea la creación literaria surgida de un cruce entre sistemas. Como hemos visto ya, la recepción de este tipo de obras es una cuestión central y puede resultar problemática precisamente porque exige un cierto nivel competencial en los dos sistemas implicados. Esto si nos fijamos solo en las cuestiones literarias y teóricas, porque en realidad los narradores mutantes de la denominada *generación nocilla,* que se consideran a sí mismos protagonistas del tránsito de la modernidad a la posmodernidad, usan un material muy variado para construir sus obras y así hacen que las exigencias en el polo de la recepción se multipliquen. La conciencia que tienen (y que quieren que se tenga) de que están inaugurando un nuevo paradigma narrativo queda claramente reflejada en el título de un interesante libro, coordinado por Mihai Iacob y Adolfo R. Posada, en el que varios de ellos participan: *Narrativas mutantes: anomalía viral en los genes de la ficción.* El componente anómalo tiene que ver sobre todo con la estrecha relación que existe entre la opción creativa escogida por estos autores y la cibercultura, y con el hecho de que sus obras son el resultado de un montaje basado en el *apropiacionismo,* lo que supone incorporar no solo material de la tradición literaria y de la tradición teórica, sino también de muchos otros ámbitos culturales, con lo que son varios los sistemas que pueden entrar en juego y múltiples las sinergias que pueden llegar a tener lugar en la simbiosis propuesta. Imaginarse a un conocedor experto en los distintos campos de donde procede todo ese material heterogéneo sería una ingenuidad, de modo que lo único que podemos imaginar es una actitud lectora que se muestre sensible al proyecto renovador que se le está presentando. Lógicamente, las obras que se construyen con material procedente de campos tan diferentes no resultan fácilmente accesibles, de ahí lo que comenta Adolfo R. Posada:

> Así las cosas, se precisa, tal y como se ha expresado por activa y por pasiva, conocer bien la cultura pop para alcanzar una comprensión cabal de los textos mutantes, pero además estar familiarizados con ciertos contenidos de la «alta cultura» literaria, estética y filosófica, incluso a veces informática y científica como se ha dicho, fuertemente enraizados en la posmodernidad (2018a: 193).

La duda sobre si pueden poseerse tantos conocimientos no solo amenaza al lector, sino que se proyecta también sobre el escritor mutante, pues tampoco parece verosímil que él pueda dominar tantos ámbitos distintos. Es lo que insinúa con mucha gracia, a través de un imaginario profesor universitario de la vieja estirpe, Javier García Rodríguez en *Mutatis, mutandis:*

> Nocilla, qué merendilla (de negros literarios). Porque no se puede escribir tanto ni sobre tantos asuntos. No se puede estar al día sobre tantos músicos, artistas, *spoken-wonders,* videoinstaladores, blogueros, poetas, performanceros, fazinerosos. Hablan de autores que nadie conoce, escuchan música que no existe, ritmos ignotos, promocionando una especie de *bullying* artístico hacia todos aquellos que no están en la onda (y me imagino que decir «estar en la onda» es no estar en la onda) (2009: 51).

Las sospechas de este profesor tradicional y abiertamente antimoderno son bastante lógicas, pero a lo mejor están mal enfocadas porque no es un despliegue de erudición lo que los narradores posmodernos se proponen hacer, sino conquistar un nuevo territorio artístico en el que quepan, mezclados hasta la fusión, tanto elementos de la considerada alta cultura como elementos de la cultura pop o cultura de masas, y siempre con la idea de anular esta distinción y terminar de una vez por todas con las discriminaciones elitistas.

El resultado tendría que ser un reflejo verdaderamente realista de la cultura contemporánea, la que domina en las sociedades del Occidente globalizado. «Mi reino es este mundo» podría ser, según Juan Francisco Ferré, el lema del narrador mutante (2011: 233). Visto así, la renuncia a un conocimiento profundo de todo el material utilizado, más que un punto débil que pueda ser denunciado, es una *conditio sine qua non* de este proyecto.

En cierto modo, podemos relacionar el contexto en el que nacen las narraciones mutantes con el diagnóstico que hace Alessandro Baricco sobre el descrédito que el esfuerzo como valor experimenta con la llegada de los «bárbaros» posmodernos. Según Baricco, «el bárbaro ha dejado de creer que el camino para el sentido pasa por el esfuerzo, y que la sangre del mundo discurre en profundidades donde tan sólo un duro trabajo de excavación podría alcanzarla» (2008: 158). Baricco usa dos metáforas para describir la situación. Dice que el surfista que se pasea con su tabla por la cresta de la ola, por la superficie del mar, ha sustituido a la imagen del submarinista que baja hasta las profundidades y analiza con detalle lo que allí encuentra. El bárbaro, asegura Baricco, no quiere profundizar en nada; quiere acumular experiencias, vivirlas a su modo. Lo fácil, lo superficial, no es para él ningún defecto, sino un rasgo necesario para poder coleccionar rápidamente el mayor número de experiencias vivenciales posible. Ahora bien, que lo esencial no sea ya profundizar en las cosas, sino recorrerlas superficialmente para acumular cuantas más vivencias mejor no significa que en el ámbito literario haya que aligerar la lectura diciéndolo todo de la forma más simple posible para que se entienda; lo que significa, según Baricco, es que hay que decir lo que se dice con «la lengua del mundo», la lengua moderna, una lengua globalizada que «se gesta en la televisión, en el cine, en la publicidad, en la música ligera, tal vez en el periodismo» (2008: 89). Sin duda, esta es la lengua que utilizan los narradores mutantes para decir lo que quieren decir. De ahí que, como ha recordado Alice Pantel, la prensa fuera en gran medida responsable de que se acabara «forjando una nueva promoción de escritores definidos como inconformistas, fanáticos de las series televisivas, los videojuegos y los cómics, indignados contra el sistema literario tradicional, todos usuarios cotidianos de Internet y de las redes sociales y casi todos autores de blogs» (2016: 32).

No es fácil establecer una nómina de escritores mutantes que contente a todo el mundo, y la prueba es que, cuando se ha establecido alguna, ha habido orgullo de pertenencia tanto como fugas significativas, pero parece posible proyectar sobre varios autores una imagen de grupo que descansa sobre ciertos elementos comunes localizables en sus obras. Según Mihai Iacob y Adolfo R. Posada, serían los siguientes: «fragmentarismo ("novela-*zapping*"), experimentalismo, "novedad", digitalismo, mezcla de materiales prefabricados *(sampling),* maridaje entre literatura, otras artes y nuevas tecnologías, interferencias entre alta y baja cultura, discurso "ergódico" o influencia norteamericana» (2018b: 9). Con todos estos ingredientes, los escritores mutantes se proponen modernizar el discurso literario, adecuarlo a los nuevos tiempos, renovar el panorama de la literatura española. Para ello, no escatiman críticas a la novela tradicional, como esta que desliza Vicente Luis Mora en *El lectoespectador:*

> La novela tardomoderna, por no decir decimonónica, que canonizan cada día no ya las listas de ventas sino, lo que es peor, revistas, congresos y suplementos literarios, intenta hacer creer al lector que vivimos, como mucho, en 1960, y goza del encanto de lo nostálgico y kitsch, pues eso es lo que es, un kitsch histórico (2012: 95).

Como es lógico, Vicente Luis Mora celebra los esfuerzos creativos que, a su juicio, contribuyen a delinear una «novela futura», esfuerzos que se centran en «socavar la novela moderna, destruir sus cimientos, burlarse de sus reglas añejas y desfasadas y hacer una escritura profundamente deconstructiva, si sabemos entender bien el espíritu de Derrida» (2012: 95). Invocar el espíritu de Derrida en este contexto resulta bastante significativo.

En realidad, más que una generación de autores con un proyecto común, los mutantes son escritores que comparten una misma visión de lo literario y una serie de intereses y procedimientos que señalan las líneas maestras del movimiento. Examinando esas líneas maestras, Mihai Iacob descubre una curiosa convivencia de rasgos recesivos o conservadores y rasgos mutantes o nuevos. Este autor entiende por *recesivo* en el ámbito artístico «una fórmula estética o una serie de rasgos considerados agotados, obsoletos, que los autores no asumen y de los que, a menudo, ni siquiera son plenamente conscientes, pero que siguen manifestándose soterradamente, de manera oculta o "enmascarada", debajo o a través de una fórmula percibida como novedosa y dominante» (2018: 48). Si en la ficción mutante existen rasgos recesivos tal vez sea porque no hay mutación posible, por muy radical que parezca, que no tenga que seguir de algún modo manteniendo lazos con lo que ya existía para poder ir verdaderamente más allá. De hecho, así lo entiende Mihai Iacob: «Lo insólito, la anomalía, la envergadura de la mutación se revelan y se entienden solo en relación con lo que no ha mutado, o no lo ha hecho de forma radical, con lo que permanece estable o cambia con lentitud» (2018: 49). Desde dentro de esta tendencia literaria, Vicente Luis Mora aporta otro diagnóstico para este problema:

La novela por venir, en consecuencia, es tanto o más hija de una nueva percepción (la ciberpercepción u otra cualquiera que atisbe la complejidad de lo contemporáneo) que de unas nuevas técnicas, que no siempre son nuevas; no sólo por carencia de originalidad en los narradores contemporáneos, algo que puede darse de manera puntual, sino porque el posmodernismo, en su incansable agotamiento constructivo, imaginó multitud de recursos técnicos, sintácticos y visuales que se adelantaron en buena medida a su tiempo (2012: 96).

Cabría añadir a estos comentarios que el posmodernismo también trajo consigo una explosión teórica sin precedentes que la narrativa mutante y los pospoetas han seguido aprovechando como material creativo. Acaso esto explique por qué Jara Calles detecta un cierto «desfase» en la ficción mutante, desfase que se advierte en «el uso de referencias anacrónicas y estereotipadas a la teoría de la posmodernidad, de los años 80 y 90 del siglo pasado (Fukuyama, Lyotard, Jameson), para analizar la literatura ulterior al uso generalizado de Internet y a la aparición de la Web 2.0» (*apud* en Iacob, 2018: 49). Tengan o no un carácter obsoleto, la abundancia de referencias teóricas es sin duda una nota distintiva de la narrativa mutante y remite a una red de lecturas y de influencias literarias compartidas por los distintos autores. Algunos críticos han llegado a afirmar incluso que esta narrativa tiene más valor teórico que propiamente literario, y se refieren a que las reflexiones que incorporan los mutantes en sus obras y, sobre todo, en sus textos teóricos tienen mayor interés que sus logros literarios. En realidad, lo que ocurre es que los autores mutantes usan la Teoría para explicarse a sí mismos porque creen que nadie está explicándolos (al menos no correctamente), y se sienten obligados a convertirse en sus propios críticos y teóricos. Pero, además, la omnipresencia de lo teórico en su proyecto tiene que ver con una cuestión crucial que explica (explicándose) Vicente Luis Mora de forma tajante: «para estos autores la teoría es parte de la creación» (2018: 32). Así lo da a entender también Guillermo Sánchez Ungidos cuando afirma que «si algo sobresale en este tipo de ejercicios literarios, es el esfuerzo por introducir teoría en la literatura hasta fundirse –no confundirse– en una sola realidad» (2018: 483).

Una situación idéntica a la que acabamos de describir se encuentra en la denominada poesía pospoética, tan cercana a la narrativa mutante que acaso no tenga sentido distinguirlas. Como diría Vicente Luis Mora, tampoco los pospoetas «esquivan el siglo xxi cuando escriben» (2012: 153). Con esta poesía, se incorpora al campo de la lírica material científico y tecnológico (en forma de ecuaciones, teorías, fórmulas, terminología especializada, etc.), y ese material convive con toda naturalidad con motivos extraídos de la tradición literaria (muchas veces llegados por vía intertextual) y otros procedentes de la cultura de masas, de lo pop y también de la estética punk, de lo periférico y marginal. Así, encontrar en un poemario –y en el mismo poema, a menudo– citas eruditas, fragmentos de canciones, un eslogan publicitario, titulares de artículos consultados en Internet, frases de alguna película, informes médicos, explicaciones extraídas de un manual de golf, entradas de un diccionario especializado (de física, por ejemplo) o de un manual didáctico escolar, aclaraciones sobre conceptos científicos, frases pronunciadas por máquinas, etc. se convierte en algo absolutamente frecuente. Incluso el *spam* cobra dignidad en este nuevo paradigma poético. Los mensajes basura o no solicitados ofrecen una información que no consideramos útil, pero están ahí, interpelándonos por todas partes. Un trozo de conversación oído por casualidad en medio de la calle, cinco segundos de teleserie, o de un anuncio televisivo que vemos mientras hacemos *zapping*, las marcas y sus correspondientes eslóganes que reclaman nuestra atención mientras caminamos por el pasillo del supermercado en busca de lo que hemos ido a comprar, ese correo electrónico enviado de forma masiva que ha aparecido en nuestra bandeja de entrada…, nada de esto parece en principio tener un gran interés, pero es evidente que forma parte de nuestra realidad y este es motivo suficiente para que la pospoesía le dé la bienvenida.

Por otro lado, es evidente que con estos ejercicios poéticos lo que antes habría sido interpretado como una invasión de cuerpos extraños en la poesía pasa a convertirse en un material muy preciado para poder experimentar con nuevas formas de expresión con las que captar el pulso de los nuevos tiempos, que son los tiempos de la globalización protagonizada por las sociedades desarrolladas del siglo XXI. Los cambios tan drásticos y profundos que se han producido en el mundo globalizado gracias a la tecnología y a los medios de comunicación de masas hacen que tengamos que hablar de una nueva realidad a la que Vicente Luis Mora propone denominar *Pangea* en recuerdo de la época «anterior a la deriva de los continentes», una época en la que toda la tierra estaba unida, conectada (2012: 22). Esta idea de la interconexión de todo lo que existe, sin discriminaciones de ningún tipo, es central en el proyecto literario de los pospoetas, como ya ha quedado claro.

Agustín Fernández Mallo, padre de la criatura pospoética, utiliza la imagen de un *rizoma* para explicar esa tendencia de la pospoesía a expandirse sin límites por todas partes en una perfecta interacción con su entorno. Como es de sobra conocido, *rizoma* es un concepto surgido de la Teoría para proponer un modelo epistemológico distinto al que había dominado durante siglos en Occidente. En obras como *Anti-Edipo* (1972) y *Mil mesetas* (1980), Gilles Deleuze y Félix Guattari confrontaron dos metáforas para marcar el contraste entre el modelo occidental y el modelo rizomático. El primero podía identificarse con un árbol, por su verticalidad y la posibilidad de extenderse a través de distintas ramas, y también por la existencia de una raíz que sugiere la idea de profundidad. Como el árbol, que es capaz de resistir a los golpes del viento, el pensamiento occidental se ha visto a sí mismo como un pensamiento fuerte, y su verticalidad ha llevado implícita una jerarquía: hay temas troncales que son más importantes que cualquiera de sus ramificaciones. Por otra parte, la convicción de que existen unos principios y unos valores básicos evidentes invita a progresar siguiendo un camino lógico que permita profundizar en la conquista del conocimiento.

El modelo rizomático es muy distinto. Más que la profundización, busca la canalización. Remite a plantas que, como el césped, la grama o las malas hierbas, se extienden de forma horizontal por la superficie de la tierra, agarrándose a ella con una raíz mínima. Los brotes o esquejes de estas plantas pueden generar ramificaciones en cualquier lugar y de forma totalmente imprevisible, como si se establecieran conexiones moleculares entre las pequeñas raíces que van entrelazándose. Estas conexiones no tienen ni un principio ni un final que pueda distinguirse con claridad, y no provocan un progreso lógico, sino más bien un avance inesperado, un movimiento invasor que permite ir cubriendo todo el terreno. No hay una orientación prefijada, sino puntos de fuga que van marcando nuevas direcciones. El rizoma va ligado a la multiplicidad (raíces que se entrelazan, hojas que se mezclan y se superponen…) y muestra una realidad compleja y heterogénea en la que todo está conectado, sin que puedan establecerse jerarquías de ningún tipo. En el modelo rizomático las influencias son recíprocas, las líneas se cruzan, se mezclan, avanzan juntas, luego se separan, más tarde vuelven a cruzarse. El conocido grito de Deleuze («¡Haced rizoma, y no raíz!») era una invitación a aceptar unas nuevas condiciones de existencia, ya no basadas en la búsqueda de certezas y en el establecimiento de claras jerarquías y de cómodas clasificaciones, como había hecho tradicionalmente el pensamiento occidental, sino en la adaptación a una realidad problemática, compleja, repleta de incertidumbres, abierta a lo inesperado. Esta nueva realidad, que es la realidad posmoderna de los «bárbaros» superficiales a los que se refiere Baricco, es la que refleja la poesía pospoética, y no es por lo tanto extraño que un espíritu rizomático anime este proyecto. Las conexiones inesperadas son en él una cuestión fundamental, por eso los pospoetas y los narradores suelen apostar por una estructura reticular para sus obras o por construirlas a partir de fragmentos que no parecen guardar relación entre sí y a los que incluso se les puede llegar a denominar *esquejes,* como hace Vicente Luis Mora en una de sus obras. Agustín Fernández Mallo es quizás quien más ha insistido en esta cuestión, pues ha explicado muchas veces que su manera de escribir se ajusta al modelo de red denominado *de libre escala,* una organización espontánea que «garantiza la mayor conectividad y la mayor rapidez de intercambio entre sus nodos» (2018: 43).

Los escritores que siguen este *modus operandi* se ajustan perfectamente a la idea de ejemplar de *Homo pangeicus* tal y como la describe Vicente Luis Mora: alguien «naturalmente capaz de trabajar en red, percibir la historia –y la tradición literaria– de un modo sincrónico, y de ver entre todas las ramas del arte y de la ciencia una continuidad» (2012: 59). Es obvio que la interconexión que predican los pospoetas y los narradores mutantes lleva implícita una ausencia de jerarquías entre el material utilizado, y de ahí que se defienda abiertamente la indistinción entre alta y baja cultura, la negación de todo canon, la puesta en cuestión de cualquier idea de literariedad, la evaporación de los límites entre ficción y realidad, y la problematización del concepto de autoría. En este punto advertimos el gesto político –tan propio de la Teoría, como hemos visto ya– que anima todo el proyecto, pues el cuestionamiento de todo lo que parecía incuestionable y la invitación implícita a la reflexión que conlleva esta puesta entre paréntesis de la Doxa para repensarla son maniobras de indudable carga política.

Problematizar el concepto de autoría, por ejemplo, va en esa dirección. Igual que los formalistas rusos bajaron al genio romántico del pedestal y lo convirtieron en un artesano de la palabra, o igual que, desde otro enfoque, Walter Benjamin ya hablaba del autor como productor, las técnicas creativas de los pospoetas obligan a replantear la relación de los escritores con su obra. En efecto, por mucho que haya siempre un autor detrás de una obra, si esta se basa en una poética apropiacionista, es el método de composición lo que pasa a primer plano, mientras que el responsable de ponerlo en práctica pasa a ser solo un experto en extracciones vampíricas, un *Homo sampler,* como lo llama Eloy Fernández Porta, alguien que reutiliza material ajeno y enormemente variado para construir algo que difícilmente va a poder ser considerado de cosecha propia. Desde esta perspectiva, la presencia de la Teoría en la creación literaria mutante y pospoética se explica como uno más de los elementos de la alta cultura susceptibles de ser mezclados con los productos característicos de la cultura de masas. Como sabemos, esta mezcla ha provocado a menudo reacciones apocalípticas, y resulta interesante el análisis que hace Eloy Fernández Porta al respecto:

> La resistencia a la cultura pop no es más que una manifestación secundaria de una actitud reaccionaria que incluye también la resistencia a la teoría y, en general, al giro cultural tal como se ha producido en los últimos veinte años (2007: 26).

Resistencia a lo pop, a la Teoría y al giro cultural: todo en uno. A menudo estas reacciones provienen de algunas de las voces consagradas de la institución, voces que, en su afán de proteger el repertorio canonizado, se niegan a dar vía libre a alguna novedad que no les convence. Fue este el caso, por ejemplo, del crítico Fernando Valls, que se mostró contrario a la narrativa mutante (o al «humo del nocilleo», como decía él), y se refirió a la novela *Nocilla Dream,* de Agustín Fernández Mallo, asegurando que fue «tan jaleada por sus propios compinches como velozmente olvidada por los que picaron la treta» (2016: 3).

Interesantes resultan también estas palabras que escribió José María Pozuelo Yvancos sobre la generación nocilla:

> [...] la llamada *generación nocilla* sobrevive mal, pues coincidiendo con el éxito real en el asalto a las editoriales de referencia, programado por la auto-promoción constante de cinco autores que no dejaban de citarse unos a los otros, ha venido a coincidir con la casi irrelevancia, tanto en términos de lectores como de crítica, más allá de los blogs del grupo y algún hispanista rezagado. El caso es que tras mucho ruido fuesen y no hubo nada (o hay poco) (2017: 352).

Pese a que la narrativa mutante y la pospoesía, que son las dos tendencias de la generación nocilla, usan la Teoría continuamente en sus obras, Pozuelo Yvancos no dice nada sobre ese uso concreto, pero es interesante ver que, justo antes de hacer estos comentarios, pone en duda la «autoproclamada novedad» de esos autores y asegura que esta generación, como la que le precede en su reivindicación de lo joven (la *generación del kronen*), «literariamente no fue tan revolucionaria o novedosa como sus mentores afirmaban» (2017: 351). Ya hemos visto que, efectivamente, a los escritores mutantes les gustaba presentar sus obras como anomalías virales en los genes de la ficción, y cabe suponer que, desde su punto de vista, la presencia de la Teoría en sus textos era uno de los factores que contribuían a renovar radicalmente el panorama literario del momento. De hecho, una de las armas que manejaban en defensa propia consistía en decir que los críticos y profesores que no entendían su proyecto se caracterizaban por llevar años sin «actualizarse teóricamente» (Mora, 2018: 36). Resulta significativo entonces que un agente tan activo del sistema literario español como es Pozuelo Yvancos (catedrático de Teoría de la Literatura y Literatura Comparada, además de reconocido crítico literario) niegue crédito a esos escritores que incorporan lo teórico en sus obras y se lo conceda, en cambio, y sobradamente, a un autor como Enrique Vila-Matas, cuyos comentarios irónicos acerca de lo que algunos críticos han dicho de su obra son un claro ejemplo «de la reticencia que los creadores muestran respecto de las categorías teóricas que van nombrando sus sucesivos pasos» (Pozuelo Yvancos, 2017: 124). Merece la pena detenerse en esta cuestión porque puede conducirnos directamente a otro uso posible de la Teoría.

7.4. Uso instintivo de la Teoría

Si los narradores mutantes y los pospoetas se presentaban a sí mismos como los protagonistas de un nuevo paradigma, autores como Vila-Matas no tienen ningún inconveniente (más bien lo contrario) en construir obras que dan mucho juego a la teoría literaria y reconocer luego que lo que hacen ya lo habían hecho antes otros escritores. Refiriéndose a la *autoficción,* por ejemplo, Vila-Matas invita a rebajar el optimismo de quienes creen que se trata de una gran novedad literaria y recuerda que ese «supuesto nuevo género» ya lo practicaron Dante o Rousseau. Estamos, por tanto, ante un auténtico maestro en la creación de distintas figuraciones del yo que se toma los mecanismos narrativos que suele activar en su obra como su particular contribución a algo que ya existía y sobre lo que se propone dar otra vuelta de tuerca. En una entrevista publicada en el diario *La Vanguardia,* llega incluso a negar la autoficción y ofrece alguna clave interesante sobre su manera de trabajar:

> Sitúan mi trabajo en la autoficción, algo que para mí no existe. La autoficción me parece un concepto redundante con el de ficción. De hecho, escribo ficción desde un espacio que suelen ocupar los ensayistas: «un yo literario visible». Lo que se escenifica en cualquiera de mis libros no es exactamente una trama o una serie de ideas sino a mí mismo tramando, pensando o escribiendo bajo el avatar de un narrador (2022b).

Estas palabras muestran una clara conciencia teórica y, de hecho, apuntan algo que la crítica ha destacado a menudo en la obra de este autor (la tematización de sí mismo «bajo el avatar de un narrador»), así que lo que afirman sus críticos y lo que él mismo comenta sobre su obra son totalmente coincidentes. Natalia Vara ha mostrado, por ejemplo, cómo funcionan en la novela *París no se acaba nunca* ciertas estrategias paródicas al servicio de nuevas posibilidades autoficcionales en las que los datos de la biografía real del autor se combinan con elementos que provocan el surgimiento de un yo ficcional en clave paródica (2014: 211).

Es más, los juegos con la refracción del yo que pone en práctica Vila-Matas se encuentran tanto en sus cuentos y novelas como en sus artículos, sus conferencias y sus ensayos, con lo cual se hacen «indistinguibles el yo ficticio y el yo real en los distintos géneros, los ficcionales y los que aparentemente no lo eran», como pone de manifiesto Pozuelo Yvancos (2017: 125). Esta indistinción entre yo ficticio y yo real hace que asome por todas partes en la obra de Vila-Matas un yo reflexivo de tono claramente ensayístico y que ni siquiera en los géneros ficcionales se discurra por una lógica narrativa tradicional. Si a esto le sumamos que la temática dominante en los textos de Vila-Matas, al margen de la categoría genérica a la que estén vinculados, suele estar relacionada con la literatura y especialmente con lo *shandy* (por utilizar el concepto que él mismo acuña, en claro homenaje a la novela de Laurence Sterne, para referirse a escritores y escritos que presentan lo literario como principal preocupación vital), comprenderemos que difícilmente la Teoría puede estar por completo ausente en la obra de este escritor. Ya sea a través de esos interesantes juegos con el yo, o en forma de ejercicios metaliterarios (el «dibujo especular de la propia creación en el objeto creado» es uno de los principales mecanismos narrativos puestos en práctica por este autor, asegura Pozuelo Yvancos, 2017: 139), o de reflexiones sobre la literatura, o de comentarios (a veces irónicos, a veces serios) sobre la crítica y sus costumbres, la Teoría atraviesa los textos de Vila-Matas, aunque sin ninguna ostentación, siguiendo más bien un camino implícito y contribuyendo a que el resultado final sea un brillante conjunto de ficciones que claramente desafían los moldes genéricos tradicionales.

Existe, sin embargo, un texto de Vila-Matas en el que la Teoría cobra un gran protagonismo y que ayuda a entender todo el proyecto creativo de este autor. Se trata de *Perder teorías,* publicado en 2010. Si en general todas las obras de Vila-Matas se resisten a una cómoda clasificación, esta aumenta aún más la resistencia. En el prólogo, se la presenta como un «anexo» de la novela *Dublinesca,* pero *Perder teorías* participa de la ficción tanto (o tan poco) como el resto de obras de Vila-Matas, con la única particularidad de que en este texto las referencias teóricas son muy explícitas y sirven para comprender cuál es la verdadera relación de este autor con la Teoría.

En este caso, el avatar del autor cuenta que ha viajado a Lyon invitado por una organización a dar una charla sobre las relaciones entre ficción y realidad, y mientras espera en la habitación del hotel a que contacten con él aprovecha para escribir una teoría general de la novela. Al parecer, el tema se le ocurre porque durante la espera se pone a reflexionar sobre una época de su juventud «en la que las teorías literarias tenían mucho peso» (2010a: 14). Al rememorar aquella época, durante la cual vivía en París, explica el narrador:

> Era a mediados de los años setenta y la teoría triunfaba en todos los medios intelectuales de la ciudad. Había empezado incluso a considerarse una grosería pasar de la teoría a la práctica y escribir, por ejemplo, un cuento o una novela. En aquellos días estaba muy bien visto no ir más allá de la teoría. ¿Para qué repetir lo que ya se había narrado tantas veces? (2010a: 15).

El narrador pasa luego a comentar una reflexión que hizo por aquel entonces Philippe Sollers y enseguida cita unas palabras de Robbe-Grillet que le dan paso a plantear un uso de la Teoría que es el que claramente practica Vila-Matas en su obra. Las palabras de Robbe-Grillet no iban «contra la teoría», aclara el narrador, y a continuación ofrece su personal interpretación:

Es obvio que hablaban tan sólo de que todo verdadero narrador tiene que tratar de inventar su teoría sobre la literatura y transmitirla a través de la obra que, al llevarla a la práctica, nos propone. Parafraseando a Antonio Machado, hacer teoría al andar. Y andar para mí es escribir directamente una novela, que es un modo muy directo de hacer teoría (2010a: 17).

Ya lo vemos: hacer Teoría al andar, escribiendo una novela. Lo que no significa que la Teoría no tenga interés en sí misma. De hecho, el narrador tras el que se esconde Vila-Matas confiesa: «no me disgustan las teorías literarias». Es más, reconoce que «mi paso por ellas dejó un poso que el tiempo no ha modificado», y considera que es una «suerte» que así sea porque, gracias a las novelas experimentales de los años 70 inspiradas en la Teoría, todavía pervive «un poso de conocimiento teórico» que no viene nada mal a la hora de escribir, sobre todo «debido al barniz reflexivo que añade a nuestra escritura» (2010a: 15-17). No renunciar a la Teoría acaba siendo el gran consejo que este narrador da a los escritores: «Los creadores modernos que huyen de la teoría tienen en esta actitud su primer talón de Aquiles» (2010a: 18).

Todo lo que se necesita para comprender el uso que hace Vila-Matas de la Teoría a lo largo de toda su obra se encuentra en este texto. Le interesa la Teoría porque confiere un «barniz reflexivo» a su obra, y la conoce bien porque la estudió en una época en la que tenía mucho peso, pero enseguida comprendió que lo importante es tener una teoría propia y demostrarlo escribiendo directamente una novela. Por supuesto, hay que tener la prudencia de recordar que estas reflexiones no nos llegan a través de un ensayo o un artículo escrito por Vila-Matas con la pretensión de hacer públicas sus opiniones, sino a través de un texto tras el que *se adivina* a Vila-Matas porque se combinan, como en la charla que tenía que dar el narrador, realidad y ficción. Pero siempre es así con este autor y no parece demasiado arriesgado tomar las declaraciones del narrador de *Perder teorías* como propias del autor.

Para ver ya directamente el uso que hace Vila-Matas de la Teoría en sus novelas podemos empezar por *El mal de Montano,* donde encontramos un comentario crítico sobre ciertos métodos de la teoría literaria cuando el narrador reproduce una conversación (soñada) consigo mismo y uno de los dos en que se ha desdoblado le dice al otro: «Debería usted estar ya dibujando las aulas sombrías de ciertas universidades norteamericanas donde se dedican a deconstruir textos literarios». El otro terminará preguntando «¿Qué significa deconstruir?», y la respuesta llegará un poco después, indirectamente, cuando su interlocutor se presente como un crítico literario tradicional y le explique:

Si hay alguien que debería estar fuera de su mapa soy yo, que soy un crítico de los de antes, alguien que está en contra de la jerga feroz y cabalística que se ha esparcido por los ambientes universitarios de los Estados Unidos, donde los profesores y críticos hablan de lo literario con tal indiferencia por el elemento estético, moral o político de la literatura propiamente dicha, que puede afirmarse que ésta ha desaparecido bajo los escombros de la teoría (2002: 98).

Esta crítica a la deconstrucción en el discurrir mismo de la novela nos indica que Vila-Matas está claramente al día (digamos) de la Teoría, pero no necesita acudir a ella de forma explícita salvo en contadísimas ocasiones; mucho más frecuente es que su obsesión por tratar temas literarios le lleve a teorizar desde su propia intuición de escritor. En sus obras pueden aparecer Roland Barthes, o Harold Bloom, o Maurice Blanchot, o Antoine Compagnon, pero quien sobre todo aparece es él mismo camuflado en algún personaje y reflexionando sobre preocupaciones literarias, especialmente sobre las que tienen que ver con su propio estilo. Cuando el narrador de *El mal de Montano* confiesa su admiración por Sebald y a continuación dice que, como a este escritor, también a él le interesa «una estimulante tendencia de la novela contemporánea, una tendencia que va abriendo un territorio a caballo entre el ensayo, la ficción y lo autobiográfico» (2002: 189), no se le escapa al lector que ese comentario no solo va referido a las novelas de Claudio Magris o Sergio Pitol (que aparecen citados), sino también, y sobre todo, a las de Vila-Matas. El hibridismo genérico de la tendencia de la novela contemporánea a la que se hace referencia en el comentario anterior da luego paso a una reflexión teórica puesta en boca de un conferenciante que de nuevo nos hace entrever a Vila-Matas teorizando desde su instinto de escritor y ofreciendo algunas claves de su propia poética:

La novela es un género híbrido y gran parte de su encanto proviene del carácter aluvial de sus materiales. No hay nada que a un novelista en acción, cuando se encuentra en el momento de escribir su novela, no le venga bien (2002: 298).

También es la peculiar poética de Vila-Matas (aunque atribuida a uno de sus personajes) la que aparece criticada por parte de Vilnius en *Aire de Dylan* con estas palabras:

Porque deseaba como un niño explicarle, entre otras cosas, que aparte de detestar su autoritarismo insoportable, estaba además en contra de toda su obra literaria: en contra de sus heterónimos y de sus modernos cambios constantes de piel y de personalidad, y también muy en contra de sus juegos literarios y de sus persistentes ficciones presentadas con solvencia como hechos reales, y también muy en contra de que se ufanara tanto de haber debilitado las barreras entre los géneros, así como muy en contra de que presumiera todo el rato del uso insistente de citas de otros autores en sus textos, y ya no digamos lo en contra que estaba de su humor de pandilla juvenil y de su impresentable huida del clasicismo al proponer la interrupción –actividad siempre hosca– como sistema (2012: 273).

Ya vemos cómo se hace evidente que Vila-Matas es, sobre todo, como afirma Domingo Ródenas, «un novelista cuyo asunto principal es la propia literatura, su ámbito, quienes lo habitan (escritores, críticos, editores, lectores…) y las actividades intelectivas asociadas (escritura, reescritura, lectura, interpretación)» (2012: 310). De hecho, cuando en *Perder teorías* se explicitan los cinco rasgos «irrenunciables, imprescindibles», que tienen que estar en toda novela del siglo XXI, vemos que el primero de todos tiene que ver con el material específicamente literario, pues se trata de la «intertextualidad»

(2010a: 28). ¿Por qué el diálogo intertextual es tan importante? El narrador lo explica con toda claridad: «Porque no nos engañemos: escribimos siempre después de otros» (2010a: 32). A partir de lo que hace Julien Gracq en la novela *El mar de las Sirtes,* y de lo que en el fondo reconoce como una técnica borgiana de trabajo, el *alter ego* de Vila-Matas explica cómo hay que usar la intertextualidad: Gracq «acoge con hospitalidad variadas tendencias literarias que el autor absorbe, *intertextualiza* y transforma» (2010a: 31). La escritura intertextual de Vila-Matas funciona exactamente así. El uso constante de citas literarias en su obra, aparte de generar un efecto de erudición (como ocurre en la obra de Borges), funciona como «una *sintaxis* o modo de darle forma a los textos»; es decir, se trata de un material que procede de la tradición literaria y que luego el autor se apropia, moldeándolo, para construir su obra (2010a: 32). El resultado es que «las frases de otros», al entrar en el nuevo contexto, «adquieren otro sentido al ser retocadas levemente» (2010a: 35).

Volvamos ahora a *El mal de Montano.* Que el escritor que protagoniza la novela es un trasunto del autor queda claro cuando ese escritor se define como un «enfermo de literatura» (2002: 209) y cuando vemos cómo va poblando su discurso de referencias literarias, pero también cuando se permite reflexiones teóricas detrás de las cuales es muy fácil adivinar quién se encuentra, por mucho que quiera esconderse. Así ocurre, por ejemplo, cuando en una conferencia el protagonista de la novela reflexiona sobre esta cuestión:

> […] sobre la necesidad de que un escritor sea alguien que otorgue particular importancia a las palabras, alguien que se mueva entre ellas tan a gusto, o acaso más, que entre los seres humanos: alguien que destrone a las palabras para sentarlas en mejores sitiales y las palpe y las interrogue y las acaricie con delicadeza y hasta las pinte con los colores de lo imposible y que, después de tanta intimidad con ellas, sepa también ser capaz de ocultarse por respeto a ellas (2002: 239).

Ocultarse, esconderse, desaparecer tras las palabras escritas. La muerte del autor, su cadáver (exquisito). Este es uno de los temas preferidos de Vila-Matas y se lo encuentra en varias de sus novelas. Dice el narrador de *El mal de Montano:* «Nuestro afán debería centrarse en la necesidad de desaparecer en la obra» (2002: 297). No es Roland Barthes matando al autor para que el protagonismo recaiga en el texto (aunque un poco sí, y un poco también Blanchot, y hasta Pessoa), sino Vila-Matas apuntando a uno de sus recursos preferidos, uno de los que utiliza con mayor habilidad: la diseminación de su personalidad en lo que escribe. Como Flaubert aconsejaba, Vila-Matas está en todas partes dentro de su obra, pero en ninguna es visible. Está en este y en aquel personaje, y también detrás de muchos de los escritores que cita, y sobre todo está en los comentarios que van acumulándose a lo largo de las novelas, los haga quien los haga. Por ejemplo, el escritor de *El mal de Montano* hace esta confesión que es también de Vila-Matas:

> Empecé a convertir en novela mi diario siendo el narrador que soy pero haciéndome pasar
> por crítico literario, me fui después construyendo una biografía impostada a base de in-
> yectarme fragmentos de las vidas o de las obras de mis diaristas favoritos [...] (2002: 239).

Cuando un escritor crea un universo narrativo tan personal como ha logrado hacer Vila-Matas, es fácil que en cada nueva novela nos reencontremos con ese universo, y así ocurre con *Dublinesca,* protagonizada por Samuel Riba, un editor que pertenece a una especie en extinción, la «de los editores cultos, literarios», y que emprende una cruzada contra los *best sellers* de moda (2010b: 11). Esta cruzada le lleva a teorizar sobre el lector pasivo y el lector activo, y a soñar con el regreso de un «pacto exigente entre escritores y lectores» (2010b: 71). En el fondo, asoma aquí un debate que ha preocupado siempre a Vila-Matas, el que plantea la diferencia entre la novela comercial, basada en grandes historias, y la novela de estilo. Para este autor, un rasgo inconfundible de modernidad, uno de los elementos que debe tener la novela del siglo XXI, es que el estilo tiene que ir por delante de la trama. En *Perder teorías* lo deja muy claro cuando señala como elemento de la novela del futuro «la victoria del estilo sobre la trama» (2010a: 28). El avatar de Vila-Matas en este texto reconoce que fue «aprendiendo paulatinamente a perderle el respeto a las tramas» (2010a: 44) y, desde luego, en las obras de este autor hay que reconocer que la historia que se cuenta no tiene nunca demasiada importancia y parece más bien un pretexto para dejar fluir libremente el estilo de una escritura muy peculiar. Perder el respeto a la trama es, por otra parte, un rasgo que facilita que la Teoría pueda hacer acto de presencia, pues, si no hay que contar ninguna historia extraordinaria, puede aprovecharse el tiempo para reflexionar sobre la literatura en sí misma. Y por mucho que el conocimiento teórico haya podido adquirirse en contacto directo con la teoría literaria, leyendo a los grandes teóricos, como parece que ocurrió con Vila-Matas durante una época de su vida, lo que advertimos en este autor es un uso de la Teoría que surge de la práctica creativa, de la propia experiencia de escritor. El mismo Vila-Matas indica cuál es la clave de ese uso instintivo de la Teoría cuando escribe:

> [...] toda teoría acerca de la construcción de una determinada novela es algo que, en cual-
> quier caso, uno siempre construye después de haber terminado una novela. Porque uno es-
> cribe desde la incertidumbre y eso es lo que le permite avanzar, lo que le divierte y al mismo
> tiempo le intriga. De lo contrario, de tenerlo todo claro desde el principio, probablemente
> ni siquiera haría falta escribir el libro (2010a: 62).

Escribir desde la incertidumbre, sin tener nada muy claro, pero llegando intuitivamente a buen puerto y construyendo la propia teoría a medida que se escribe, dejando constancia de ella en el texto. Esta es la clave del uso que hace Vila-Matas de la Teoría. *Montevideo,* su novela más reciente, sigue invitándonos al mismo mundo literario que las demás. De nuevo las páginas se pueblan de referencias a escritores que forman ya parte de una mitología privada, de comentarios sobre obras literarias (también sobre algunas películas de cine), de anécdotas relacionadas con el mundo de la literatura. Lo *shandy* de nuevo en pleno funcionamiento. Y también de nuevo la presencia nada ostentosa, pero evidente, de la Teoría. El narrador, un escritor que pasa por una desesperante etapa de bloqueo y se siente atraído por «esa poética de querer abandonar la obra antes de que hubiera obra» (2022a: 14), se permite continuas reflexiones teóricas, como cuando habla de las cinco tendencias narrativas (quizá seis) que ha descubierto: la de «los que no tienen nada que contar», la de «las narraciones en las que *deliberadamente* no se narra nada», la de quienes «dejan algún cabo suelto en la historia que cuentan» y, por tanto, «no lo cuentan todo», la de quienes «dispuestos a decir algo sensato, acaban no diciendo nunca nada» y la «de los activos *hackers* del futuro», que son los que escriben en las redes sociales porque «se han rendido al poder de la tecnología» (2022a: 14-16). Es evidente que estamos ante toda una teoría de la escritura, una tipología con cinco casillas que muestran posibilidades de proyectos literarios. Además, el narrador reflexiona continuamente sobre su propia poética y ese gesto autorreflexivo se proyecta también sobre el autor Vila-Matas, de manera que asistimos a un ejercicio autoficcional:

> *Tristram* no sólo es mi amuleto, sino la columna vertebral de todo lo que he escrito. En esa posible biografía de mi estilo, que ya he abandonado, habría ocupado sin duda un lugar central. De hecho, no se puede entender casi nada de mí sin la influencia relampagueante del libro de Sterne (2022a: 41).

Parece bastante obvio que el *shandysmo* confesado del narrador es también el de Vila-Matas. Ocurre, sin embargo, que Vila-Matas no cree en la autoficción, y ya hemos visto que ha hecho varias declaraciones al respecto en distintos contextos. Lo curioso es que, al escribir *Montevideo*, decide incorporar ese tipo de comentarios en la novela y vemos así un claro ejemplo de uso de la Teoría dentro de la ficción:

> De hecho, Moore escribe como si no hubiera sido ella tocada por los debates sobre la narración en primera persona, la autoficción (que no existe, porque todo es autoficcional, ya que lo que se escribe viene siempre de uno mismo; hasta la Biblia es autoficción, porque empieza con alguien creando algo), la autorrepresentación, la no ficción, que tampoco existe porque cualquier versión narrativa de una historia real es siempre una forma de ficción, ya que desde el instante en que se ordena el mundo con palabras se modifica la naturaleza del mundo (2022a: 63).

Incorporando en su novela estas reflexiones teóricas Vila-Matas está participando en uno de «los debates sobre la narración», como él mismo escribe, que se han abierto en la teoría literaria de los siglos XX y XXI, y su participación no parece basarse tanto en un estudio a fondo de la problemática planteada como en la intuición surgida a partir de la propia experiencia de escritor y lector. Esta es la sensación que se tiene cada vez que la Teoría hace acto de presencia en las novelas de Vila-Matas. De ahí que sean raros los tecnicismos (aquí el de autoficción era inevitable) y las referencias a nombres importantes de la Teoría (por mucho que aparezca Roland Barthes y su idea de «el fantasma del escritor» ocupando unas cuantas páginas de *Montevideo*); lo normal es que la dimensión teórica se abra paso dentro de la obra con toda naturalidad, algo que viene facilitado por el protagonismo tan acusado que tiene lo *shandy* en todo lo que escribe este autor. Así, lo habitual en el uso instintivo de la Teoría es encontrar comentarios como este: «Decir que el secreto de aburrir era contarlo todo fue, siempre para mí, una buena forma de acabar de un plumazo con el narrador decimonónico y su abrumadora versión de sabelotodo» (2022a: 28). Otra pincelada teórica asoma cuando el narrador habla de «escritores más comprometidos con el lenguaje y sus ritmos que con la trama, los personajes o el ritmo de la historia» (2022a: 77). Y cuando este narrador, que se posiciona continuamente «contra las tramas de las novelas», imagina cómo será su nuevo libro el día en que decida volver a escribir desliza un interesante planteamiento teórico que no necesita apoyarse en ningún tecnicismo:

> Pensé: de volver un día a escribir, mi nuevo libro trataría de un asunto invisible. El lector notaría que al asunto yo jamás lo perdía de vista, pero no me extendía sobre él, más bien lo daría por sobreentendido y por indescriptible, y ni lo nombraría, dejando que planeara sobre los lectores, que sobrevolara el núcleo duro del asunto, tan invisible, pero presente todo el rato, precisamente por indescriptible (2022a: 105).

Divagaciones teóricas de este tipo no son ninguna sorpresa, claro, en un autor tan literario (tan *shandy*) como Vila-Matas, de manera que el lector asiduo de las obras de este escritor ya las espera a cada vuelta de hoja.

Un caso próximo al de Vila-Matas lo encontramos en Juan Bonilla, para quien los temas centrados en algún aspecto literario son también una de sus preferencias. Su novela *El mejor escritor de su generación* incorpora gestos metaliterarios y autoficcionales, y entronca así con una tradición ya muy conocida, pero a la vez incorpora reflexiones teóricas que no son ya tan habituales en esa tradición. Así, el narrador se permite extensos comentarios sobre lo que significa «habitar una novela», ya sea pensando en lectores que «encuentran rostros de su rutina, de sus alrededores, para prestárselos a los personajes de ficción de las novelas que leen» o pensando en el «milagro de la identificación entre quien narra –quien sabe– y lo narrado» (2021: 88-90). También nos ofrece su interpretación personal de una novela como *Lolita*, de Nabokov, o este pasaje dedicado a plantear una reflexión sobre la conexión entre el escritor y su público:

> Narrador procede de *gnarus*, o sea: el que sabe. Pero es que la raíz indoeuropea de escribir procede del verbo «sembrar», porque para los sumerios «escribir» consistía en hacer surcos, o sea, abrir la tierra para echar unas semillas, y de ahí que no sea de extrañar que la raíz de «leer» sea la misma que la de «colectar». El que escribe –siembra– espera que su semillita se convierta en fruto que endulce o amargue el cielo de la boca de quien lee –recolecta– (2021: 86).

Al menos desde el conocidísimo *El pacto autobiográfico* de Philippe Lejeune, no han dejado de aparecer estudios teóricos sobre la autobiografía y, en general, sobre las denominadas escrituras del yo, y quien conoce esos trabajos está en condiciones de apreciar estas reflexiones que añade Juan Bonilla, ya al margen de metaficciones y autoficciones, en *El mejor escritor de su generación:*

> Ninguna narración puede de veras compararse con el hecho que la suscitó, con la cadena de hechos que la componen, ni siquiera aquellas que engrandecen, mediante la experta retórica de un gran narrador, hechos banales [...]. Pero todo eso, en el fondo, carece de importancia. Ni si quiera es justo hacer la comparación. Es como tratar de jugar al fútbol con las reglas del rugby. Es como comparar la vida de un hombre con la autobiografía que ese hombre escribe en sus años postreros: lo que el lector obtenga de la lectura de esa auto-biografía –por muy excelente literatura que sea y muy fiel a los hechos que haya logrado ser el autor según el criterio de quienes están en disposición de juzgar cómo acontecieron los hechos y cómo han sido juzgados– no dejará de producir una impresión ficticia, pues es esa misma condición de ficción inevitable la que alimentó la redacción de la autobiografía (mira hacia atrás, tu vida es una sucesión de hechos que sólo existe porque tú puedes en-cadenarlos en una narración, es decir, contarlos, es decir, imponerles orden, harán parecer que no has hecho constantes variaciones –es decir, transformarlos en ficción– cuando los recordabas; y los hechos que no recuerdas pero también sucedieron están ahí como los si-lencios y los espacios blancos entre las palabras y las líneas y los párrafos: sin aquellos, éstos no serían posibles) (2021: 92-93).

También algunos de los relatos incluidos en el libro *Tanta gente sola* demuestran el interés de Juan Bonilla por poner a circular la Teoría en sus textos. Varios lo demuestran ya desde su mismo título («Metaliteratura», «El lector de Perec»), y otros presentan a algún personaje (como el admirado y a la vez ridículo poeta Jacinto que se pasea por más de un relato) que facilita la entrada de algún comentario relacionado con la Teoría. Ejemplo de esto último lo vemos en el primer relato del libro, en el que, ante la decepción que siente una muchacha al conocer al poeta más admirado por una de sus mejores amigas, el narrador desliza un comentario sutil que funciona como denuncia del abuso de la crítica biográfica:

> Esperaba otra cosa de este poeta, por lo que su amiga le había contado, por cómo hablaba de él, cayendo en esa ancha trampa donde duermen todos los que confunden una obra cual-quiera con el que la ha creado (2009: 22).

Si en este relato, irónicamente titulado «Un gran día para tus biógrafos», adverti-mos la referencia a la falacia biográfica de la que hablaban los *new critics,* en el titulado «Metaliteratura» se ilustra perfectamente el juego intertextual que puede surgir de la relación entre un hipotexto (o texto modelo) y el hipertexto que resulta de haber toma-do al otro como punto de partida para llevar a cabo una nueva creación. El hipotexto es en este caso un cuento de Borges titulado «El otro», que representa una variante dentro del tema del doble y está recogido en *El libro de arena.* El narrador quiere reproducir la historia fantástica que se cuenta en este relato (la de alguien que se encuentra con un hombre mayor que le dice que los dos son la misma persona, aunque estén en lugares distintos y en épocas distintas de su vida) y le gasta una broma a su primo, aunque con buenas intenciones, pues quiere ayudarle a superar su «obsesión enfermiza por la muerte» (2009: 120). Contrata a unos actores para que reproduzcan en esencia el argumento del relato de Borges y convierte a su primo en el protagonista involuntario de ese relato. La idea es disparatada, pero tiene su trascendencia porque el narrador quiere demostrar que existe una literatura que puede ser vida o, como él mismo dice, «que merecería ser verdad, aunque no lo haya sido nunca» (2009: 119). La ambición del «experimento» que se propone es considerable: llevar un texto de ficción a la realidad con la idea de que afecte a la vida de un muchacho hasta convertirlo en una persona distinta. El narrador le cuenta el plan a un profesor de literatura y este se ocupa de dotar de carga teórica a la cuestión, pues bautiza al experimento «como Metaliteratura, dotando al término de un significado mucho más convincente, para mi gusto, que el que suele tener: la literatura que se utiliza para llegar a un más allá, a una meta real, la que se propone afectar la realidad de alguien» (2009: 132). En efecto, tras el experimento, el primo del narrador se transformará en otro, logrará vencer su miedo a la muerte y se quedará más tranquilo porque, gracias a la literatura (aunque él nunca llegue a saberlo), creerá que va a vivir un tiempo bastante razonable.

Preocupaciones literarias, y en buena medida teóricas, asoman también en el relato «El lector de Perec», en el que, a partir de una idea surgida tras la lectura del libro *Je me souviens* de George Perec, el narrador se propone apropiarse de los recuerdos de otra persona y realiza comentarios que no dejan de tener una cierta carga teórica:

> Podía empeñar unas semanas en ese proyecto para convertirme en otro, o mejor dicho, para convertir a aquel lector en otro yo, para añadir la memoria de otro a la mía. Grandilocuente me pregunté: ¿no es al fin y al cabo eso la literatura? Por fortuna desistí enseguida de proponer una respuesta a la pregunta (2009: 192).

La idea se complica cuando el narrador decide que en quien va a convertirse es en el propio Perec, o sea, en el autor del libro que ha inspirado su experimento, lo que le conduce a hacer esta reflexión:

> Si al fin y al cabo no hay más extraordinaria meta para cualquier libro que la de transformar a quien lo lee, ¿no era dar una voltereta que hiciera más alta esa aspiración si el autor de un libro consiguiera transformar a uno de sus lectores en alguien que se propusiera ser el autor de ese libro mediante la tarea de adquirir todos los recuerdos que en su obra se registraban. Pasé unas semanas tratando de ser George Perec, es decir, tratando de acordarme de todo lo que él se acordaba […] (2009: 196).

Sin necesidad de acudir a la fenomenología de la lectura, Bonilla plantea aquí una posibilidad interesante que puede venir provocada por el simple acto de leer, como diría Wolfgang Iser. Es más, si tenemos en cuenta que los teóricos de la recepción de la escuela de Constanza tuvieron como referente principal a Hans-Georg Gadamer, el autor de *Verdad y Método,* todavía nos aguarda en el relato de Bonilla alguna sorpresa. Gadamer planteaba el proceso hermenéutico en tres fases: la *comprensión* (que remite a una inteligibilidad básica de lo que se lee), la *interpretación* (cuando se otorga un sentido a lo leído) y la *aplicación* (momento en que el lector proyecta sobre sus circunstancias personales el contenido de lo que ha ido leyendo). Para Gadamer, la tercera fase era fundamental porque contenía la interpelación al lector, la invitación a aplicar a su propia vida (a *aplicarse*) las experiencias vivenciales reflejadas en el texto hasta convertirlas en vivencias propias. Siempre hay que adaptar el sentido de un texto a la situación presente a la que ese texto le está hablando, decía Gadamer, y por eso insistía: «No sólo el comprender y el interpretar, sino también el aplicar, el comprenderse a sí mismo, forman parte del proceder hermenéutico» (en Dutt, 1993: 25). La misma idea hizo afirmar a Paul Ricoeur que «el texto es la mediación por la que nos comprendemos a nosotros mismos» (1997: 131). Sin duda, lo tuvo muy claro Proust cuando hace decir al protagonista de *En busca del tiempo perdido* que los lectores del libro que está escribiendo «no serían, a mi juicio, mis lectores, sino los propios lectores de sí mismos, pues mi libro no sería sino como esos cristales de aumento que entregaba a un comprador el óptico de Combray, y gracias al cual yo les proporcionaría el medio de leerse a sí mismos» (2009: 373-374).

Teniendo en cuenta todas estas reflexiones, resulta muy interesante lo que plantea el narrador de «El lector de Perec» cuando conjetura sobre lo que logró George Perec al publicar *Je me souviens:*

> Reduciendo su memoria a una pila de frases sin atractivo literario, nos enseñó que la literatura en esencia es eso: ofrecer memoria, invitar a hacer memoria, compartir recuerdos, añadir recuerdos a la bolsa donde guardamos todos los «me acuerdos» que son nuestra vibrante necrológica, que nos hacen ser quienes somos, criaturas que se diferencian apenas en el hecho de que uno se acuerda de los muslos poderosos de Raquel Welch y otro de las piernas veloces de Zapotek (2009: 198).

Como vemos, las diferencias (acordarse de los muslos poderosos de Raquel Welch y otro de las piernas veloces de Zapotek) no anulan la esencia compartida de la condición humana, y de ahí que a partir de un caso singular (lo explicaba ya Aristóteles en su *Poética* a propósito de la mímesis) puedan lograrse resonancias universales. La aplicación hermenéutica es, pues, una manera de recordarnos la identidad básica de la condición humana, que es lo que permite que los recuerdos de otro, como plantea el relato de Bonilla, puedan acabar siendo también nuestros. El ascenso de lo particular a lo general hace que el recuerdo y la vivencia que contiene se hagan vinculantes.

Todavía podemos encontrar en este relato de Bonilla otro tema que fue de gran interés para la estética de la recepción: el fenómeno de la relectura. Desde la perspectiva del lector histórico, Hans Robert Jauss planteaba las distintas lecturas que iban haciéndose de un mismo texto en distintas épocas, por parte de nuevas generaciones de lectores. Pero esta situación también se produce a nivel individual, cuando un lector regresa sobre un libro que leyó en otra época de su vida y emerge un sentido nuevo, distinto al que tuvo ese texto para él en el pasado. El texto es el mismo y el lector también, pero la lectura puede variar. Wolfgang Iser explicaba el fenómeno a partir de un detalle de puro sentido común: el texto sigue siendo el mismo, pero el lector no porque está en otra época de su vida, ha acumulado más experiencias, más conocimientos, incluso más lecturas, y, por lo tanto, en el fondo es otro lector que proyecta una mirada completamente nueva sobre el texto que ya leyó.

Resulta muy tentador recordar estas reflexiones cuando el narrador de «El lector de Perec» cuenta su experiencia con la lectura del poema *Fuga de muerte,* de Paul Celan, que quiere leer porque ha sabido de un lector que lloró con ese texto:

> Lo leí una vez sin conseguir emocionarme. Lo leí por segunda vez, y el poema me hacía perderme. Traté de horadar esa muralla buscando la luz de la emoción que hizo llorar al anterior propietario del ejemplar de *Je me souviens.* Me obligué a saber más cosas sobre Celan, y hallé el punto por el que podía atacar la muralla para alcanzar la emoción: el holocausto. Así que vi películas sobre la tragedia judía en la Alemania nazi, leí unos cuantos libros y el cómic de Art Spiegelman, *Maus.* Y volví a leer el poema de Celan, y entonces sí, entonces lloré leyéndolo, y lloré luego recordándolo, y es el poema más emocionante que se haya escrito nunca, le diría a un encuestador que en la calle me preguntara por los poemas más emocionantes que se hayan escrito nunca (2009: 200-201).

Como vemos, Bonilla no ha necesitado citar ningún nombre importante de la Teoría para dotar de una considerable densidad teórica a su relato, como tampoco Vila-Matas suele necesitar citas de nadie para plantear en sus novelas situaciones que, observadas desde un enfoque teórico, resultan sumamente atractivas. Estos gestos creativos merecen ser considerados un uso instintivo de la Teoría, pues lo que observamos es que los autores, desde su experiencia con la escritura, plantean reflexiones teóricas en sus obras sin necesidad de incorporar en ellas referencias concretas (a nombres de teóricos, a escuelas o movimientos, a conceptos, etc.) y sin acudir a tecnicismos de ningún tipo, sino más bien dejando que la teoría planteada fluya con toda naturalidad de acuerdo con el estilo del texto.

Otro caso de uso instintivo de la Teoría lo encontramos en *El asesino tímido,* de Clara Usón. En esta novela, la autora mezcla anécdotas de su historia familiar y episodios delicados de su historia personal con referencias socioculturales del contexto de la Transición (a menudo extraídas de la denominada prensa rosa o del corazón, revistas como *Hola, Pronto, Garbo, Lecturas* o *Semana*) y con alusiones a textos y vidas de escritores y filósofos importantes (a Albert Camus, a Cesare Pavese y a otros, pero sobre todo a Ludwig Wittgenstein). Esta mezcla problematiza el estatuto genérico del texto, pero Clara Usón, con un gesto metafictivo, resuelve la situación o, al menos, demuestra ser muy consciente de ella:

> Yo también recelo de las abstracciones y, como antigua abogada, me repugnan las normas, no creo, por ejemplo, en la UNIDAD de la novela, pienso, como Cervantes, que la novela es «escritura desatada» y que en ella cabe todo, incluso el desorden, si tiene un propósito, pero hace ya unas cuantas páginas que me reconcome la conciencia, ¿cómo puedo justificar los saltos inopinados de Sandra Mozarovski a mi madre, de mi madre a Wittgenstein, del rey a mí misma?, ¿sé adónde voy?; ¿voy a algún sitio? (y si voy a algún sitio, ¿por qué doy tantos rodeos?), e intento convencerme de que este juego que me estoy inventando tiene unas reglas y una lógica […] (2018: 124).

Es obvio que Clara Usón reclama la etiqueta genérica de *novela* para su obra y encuentra la manera de hacerlo desde dentro mismo de ella, desde su configuración, lo que no deja de ser un gesto teórico. Sin embargo, a pesar de las continuas alusiones a escritores y filósofos, la presencia de la Teoría es mínima en esta novela, aunque existe y asoma con toda naturalidad, completando o matizando algunas ideas, como ocurre en este caso:

> El primer mandamiento de un rey que quiera prosperar en el oficio es tomarse a sí mismo en serio, creerse su propia ficción, suspender su incredulidad, como el lector de poesía en palabras de Coleridge (2018: 77).

No estamos ante un uso de la Teoría como lucimiento personal, sino como acompañamiento que pone al descubierto la intuición de quien escribe. Por eso Clara Usón usa la Teoría solo en momentos concretos, cuando la necesita porque le sirve para conectarla con aspectos que están siendo tratados en la novela. Bastará un ejemplo más para comprobarlo:

> Wittgenstein afirmó en el *Tractatus* que el lenguaje *pinta* la realidad, enunciamos la palabra *niño* y nos representamos en la mente su correlato real, así es como percibimos lo que somos y lo que nos rodea, a través de la malla del lenguaje y de sus conexiones lógicas, de ahí que «los límites del mundo» sean «los límites del lenguaje», pero más tarde se retractó: el lenguaje, comprendió, no es de fiar, una palabra no tiene un solo significado sino diversos, en función del contexto, del uso que se haga de ella, y alumbró la teoría de los juegos del lenguaje. No es lo mismo decir «niño», con voz neutra, que decir «mi niño» en tono cariñoso o gritar «¡Niño!», a modo de admonición, y cuando mi madre decía «los niños» significaba una cosa, pero cuando decía «las niñas» por su tono, su intención, la dureza de sus ojos, quería decir algo muy diferente, quería decir «mis enemigas», y durante la adolescencia y la primera juventud mi hermana y yo fuimos las enemigas por antonomasia de nuestra madre […] (2018: 120-121).

Como vemos, la narradora pasa con toda naturalidad de la teoría de Wittgenstein sobre el lenguaje a la anécdota doméstica, biográfica, de modo que lo teórico no aparece como un añadido forzado, sino como un material más del engranaje de la novela y con la función de introducir algún matiz importante en lo que se está contando.

Cada vez son más los casos que ilustran esta situación y esto prueba la importancia creciente que ha adquirido la Teoría para la escritura. Aunque se la use sin grandes pretensiones, está allí, puede que incluso condicionando el proceso de configuración literaria. Por ejemplo, cuando Isaac Rosa escribe una novela como *Feliz final,* compuesta por fragmentos de un discurso amoroso, por decirlo con Barthes, no hace ningún alarde de la Teoría (como tampoco lo hizo con su obra en marcha *El vano ayer*); sin embargo, él mismo reconoce en el apartado de agradecimientos que en el magnífico cruce de reflexiones amorosas que ofrece en su obra «resuenan ideas» de varios autores vinculados a la Teoría, entre los que podrían destacarse Roland Barthes, Zygmunt Bauman, Eva Illouz o Richard Sennett. Se entiende que la lectura de obras de estos grandes nombres de la Teoría ha influido en la escritura de *Feliz final,* aunque en este caso la apuesta no consista en explicitar todas esas referencias, sino en integrarlas con naturalidad en el fluir del discurso novelesco. Ahí tenemos, pues, otra manera de hacer que un impulso teórico atraviese la escritura, otra manera de aprovechar reflexiones surgidas en el campo de la Teoría como material de elaboración literaria.

7.5. Uso paródico de la Teoría

A partir de los ejemplos mostrados vamos viendo que existen diversas maneras de usar la Teoría en la ficción literaria. Puede ser usada de forma muy explícita y hasta ostentosa, o de forma más discreta, a través de una incorporación sutil que indica que el autor ha querido sugerirla, más que mostrarla. Incluso un uso paródico es posible, como se advierte a menudo en las obras del escritor y profesor de teoría literaria Javier García Rodríguez. Según Guillermo Sánchez Ungidos, estas obras invitan a «repensar la dimensión escritural con la mirada puesta en las zonas de roce –y goce– entre el discurso ficcional y el discurso teórico, cuyos fluidos conviven en un mismo evento de vigoroso lenguaje» (2021: 4). En efecto, los textos de Javier García Rodríguez son un claro ejemplo del cruce entre sistemas que venimos comentando, pues este autor hace «de la ficción un elemento más del trabajo teórico-crítico, o de la teoría un elemento más de la ficción» (Sánchez Ungidos, 2021: 4), con lo cual se logra que la frontera entre experiencia creativa y experiencia reflexiva quede anulada en favor de una reflexión creativa que es a su vez una interesante creación reflexiva. Añadamos a esto el hábil manejo de la parodia como recurso en el que Javier García Rodríguez se apoya a menudo para incorporar la Teoría en sus textos con un cierto desenfado y tenemos entonces un uso peculiar, y desde luego muy interesante, del material teórico dentro de la ficción. En *Mutatis mutandis,* por ejemplo, encontramos esta ingeniosa confesión del narrador, un filólogo que se identifica con la estirpe de los grandes historiadores de la literatura:

Yo soy de los que ironiza y se ríe de los saberes modernos. Y hablo de la asignatura de Hermenéutica literaria como «la de las chuminadas»; yo digo a quien quiera escucharme en los apartes de las reuniones de Departamento que la hermenéutica contemporánea no es más que un depósito de gadámeres, que a Lyotard siempre se le ven los leotardos, que detrás de las palabras de Habermas tiene que haber más, que Schleiermacher parece el nombre del líbero de la selección alemana de fútbol, que la teoría de los polisistemas suena a teoría de los polichinelas cantada por Sarita Montiel en *La violetera* [...] (2009: 12).

Es obvio que no todo el mundo tiene los conocimientos suficientes para captar toda la carga irónica de estas palabras y, por tanto, este fragmento demuestra que las ficciones híbridas, o teóricas, aspiran a ser leídas por un lector modelo, como diría Umberto Eco, es decir, alguien capaz de moverse en la descodificación del texto igual a como se movió el autor durante la codificación.

Algo parecido sucede en «El caso del poeta premiado», un texto de Javier García Rodríguez recogido en *La mano izquierda es la que mata,* donde aparece una voz narrativa en segunda persona (¿la del propio poeta?) que imagina un futuro de éxito y, cuando llega la culminación de un nombramiento doctor *honoris causa,* encontramos estas palabras: «Harás un discurso de aceptación lleno de poemas de Baudelaire y de citas de Coetzee, aunque no lo hayas leído. Te reirás de Harold Bloom y de Lázaro Carreter, y demostrarás de manera práctica el sistema fónico español propuesto por Alarcos» (2018: 43-44). En este mismo libro, el siguiente relato se titula «Verlaine, campanas de Verlaine (Christmas Campus Tale)» y, como ya se adivina por la aclaración parentética, se nos describe una celebración navideña en un campus universitario, escenario ideal para que asome alguna referencia teórica, como efectivamente ocurre cuando se alude a la época «en que los interminables Consejos de Departamento eran campo de batalla (campo de Bataille, decían los más teóricos; campo de Bataillon, decían los más erasmistas), con sus dagas florentinas, sus imprecaciones en emiliano-romañol, sus insultos en occitano o lengua de oc [...]» (2018: 47).

En todos estos casos y en los que veremos a continuación estamos ante ejemplos de parodias que no implican exactamente un acto de rebajamiento del material parodiado, pues, aunque exista una evocación burlesca de ese material, vemos que su incorporación en un texto literario da como resultado una ficción híbrida en la que Teoría y literatura se entrecruzan hasta formar una unidad indisoluble. Lo que se produce exactamente es una parodia posmoderna en el sentido que Juan Carlos Pueo da a este concepto:

La parodia postmoderna no destruye su hipotexto, ni lo sustituye, ni aun menos lo supera, sino que actúa junto a él, sin que se lo pueda separar en ningún momento, aunque sea consciente de la distinción entre ambos (2002: 46).

En efecto, la Teoría actúa como hipotexto o texto modelo del texto literario que se construye en clave paródica, pero lo interesante no es que exista una carga irónica o burlesca, sino que el resultado de la parodia no es nunca un hipertexto que se ha convertido en texto autónomo librándose de su hipotexto; es otra cosa: un nuevo texto literario construido con el lenguaje de la Teoría. Si el discurso literario se burlara críticamente del discurso teórico usando su propio lenguaje, y no el de la Teoría, existiría un claro distanciamiento entre ambos discursos y no podríamos hablar de una relación hipertextual, sino, en todo caso, metatextual. El metatexto crítico «mantiene siempre una relación distante hacia el texto original» (Pueo, 2002: 54), pero no es esto lo que advertimos en el uso paródico de la Teoría que estamos comentando. Lo que vemos en los textos de Javier García Rodríguez es que existe una práctica hipertextual de origen lúdico que logra un eficaz efecto paródico gracias a que hipotexto e hipertexto se mantienen unidos debido a la voluntad de hibridación que ha guiado este gesto creativo. Dicho con otras palabras: este autor muestra una habilidad inusitada para lograr parodias posmodernas en el sentido que, como hemos visto ya, maneja Juan Carlos Pueo. Si leer a Javier García Rodríguez es asistir a un espectáculo auténticamente original es porque en muchos de sus textos asistimos a una brillante combinación en la que entran en juego tres factores: el indudable acierto creativo de un escritor capaz de tener un estilo propio inconfundible, los conocimientos teóricos de un profesor universitario que domina como pocos su especialidad y la habilidad para desencadenar un juego paródico en el que lo parodiado y la parodia misma se confabulan para lograr, juntos, un eficaz resultado estético.

Como Javier García Rodríguez, David Roas es profesor de Teoría de la Literatura y Literatura Comparada, y, de hecho, un gran especialista en literatura fantástica, género que cultiva como escritor con gran acierto. La teoría de lo fantástico que Roas ha explicado en diversos ensayos y artículos toma cuerpo en su propia obra creativa y vemos ahí ya una clara vinculación entre lo teórico y lo práctico, pues el escritor activa en sus textos la lógica de funcionamiento de la literatura fantástica, con sus ingredientes fundamentales (irrupción sorpresiva de lo sobrenatural, reacción de los testigos, fondo realista en favor de la verosimilitud, etc.) y cumpliendo cada uno la función que se espera de él. En ocasiones, el tema mismo del relato facilita una cierta densidad teórica, como ocurre con el titulado «Palabras», incluido en *Horrores cotidianos*. Se trata de un relato con momentos especulares y con una autoficción insinuada en el que se narra la desesperación de un escritor que pierde el control de su estilo y empieza a escribir (y también a hablar) con un «extraño exhibicionismo lingüístico» que le resulta totalmente ajeno (2007: 133). Aquí es la temática misma la que invita a plantear algunas consideraciones teóricas.

Mayor vinculación con la Teoría presenta el relato titulado «Necrológica», cuyo epígrafe (*«Dedicado a Woody Allen, terrorista cultural»*) nos pone ya sobre aviso del tono paródico que va a dominar la escritura. Como el título advierte, el relato se plantea como un homenaje en clave necrológica a Justino Mailer, un escritor y teórico de la literatura argentino. La presencia de la Teoría se manifiesta sobre todo en fragmentos como este, en el que se parodia el estilo académico:

> Pero quizá su mayor aportación a la literatura, la que le ha valido el reconocimiento mundial, fue la creación del *ful-criticism,* corriente teórica que supuso una verdadera revolución en el campo de los estudios literarios. El *ful-criticism* (del griego *ful,* «chungo», y del inglés *criticism,* «perturbación» o también «almacén de pescado») es un método de análisis que significa una superación radical de las tesis centrales del post-estructuralismo. Mailer reconoció siempre que la aparición de dicha corriente afectó profundamente a su vida sexual («Dejé de tener erecciones el día en que leí lo que ese imbécil de Derrida había escrito acerca de la literatura», afirma en su diario). En un intento de superar el *impasse* sexual en el que se encontraba, y fruto de muchas noches de insomnio (su mujer le obligaba a dormir en el baño), dio forma a esa nueva manera de concebir el fenómeno literario que es el *ful-criticism,* cuyo texto fundacional fue la magnífica conferencia pronunciada por Mailer en la lavandería de la Universidad de Berkeley el 7 de junio de 1989, titulada *Praxis y bricolaje,* convertida en un largo ensayo que publicó al año siguiente Faber & Faber [...] (2007: 125).

El despropósito de la parodia va en aumento hasta plantear cuestiones cada vez más absurdas, como cuando, hablando del contenido de la conferencia de Mailer, el narrador explica:

> Mailer no solo reivindica la multiplicidad de significados en los textos (como hicieron las diversas corrientes teóricas surgidas bajo el gran paraguas del post-estructuralismo), sino que lanza una atrevida propuesta: utilizar los textos literarios para reparar cualquier desperfecto del hogar (2007: 126).

Más tarde se nos cuenta que en una obra teórica de gran relevancia, *Ful-criticism y gastronomía,* Mailer llegó a criticar nada más ni nada menos que al mismísimo Tzvetan Todorov, y así el uso irónico de la Teoría sigue su curso, con algunas alusiones finales al coqueteo con los Estudios Culturales que mostró el escritor y teórico argentino después, interesándose por temas como «Género y otredad», o planteando una «revolucionaria concepción de la sexualidad y de los roles genéricos».

Como vemos, Roas está divirtiéndose mientras escribe para gente que pueda captar toda la carga irónica de su relato, lectores que puedan ser cómplices de la broma que él está gastando a la Teoría. Por otra parte, el gusto por el microrrelato lleva a Roas a poner en práctica a menudo la poética de este género, con interesantes finales sorpresivos que a veces participan también de lo fantástico, pero algunos de sus microrrelatos se apartan de este camino y muestran un uso paródico de la Teoría, como se aprecia en el titulado «Homo crisis (cuento derriniano)»:

Dios ha muerto. Marx ha muerto. Nietzsche ha muerto. Y yo ya no sé quién soy. He tratado de traducirme pero me he dado cuenta de que no conozco la lengua en la que estoy escrito y no puedo ir más allá de la portada. Intento leerme en el espejo, pero desconfío de la imagen invertida que me ofrece. Pienso en mis amigos, pero su traducción es, evidentemente, una lectura interesada, manipulada. Leo mis palabras, pero ya no sé descodificarlas. Quizás no soy más que una versión (o una perversión) de mí mismo. Necesito una buena deconstrucción… Aunque tras eso solo queda el vacío (2007: 74).

En la misma línea encontramos el microrrelato «El legado de Chomsky», que nos sitúa desde su título mismo en el campo de la lingüística, una de las disciplinas que se encuentran en la base de la Teoría:

Un lingüista desesperado pasea por su habitación. Ha descubierto que el generativismo no puede solucionar sus problemas. Para relajarse se pone a analizar una complicada frase: «Esa cuerda tan gruesa bien podría soportar el peso de una elefanta embarazada de gemelos».

«¡Eso es!», aúlla sonriente. Por fin ha visto la luz. Acabado el análisis, se ahorca del «árbol» resultante. Sabe que el núcleo verbal soportará perfectamente su peso (2007: 129).

Como ejemplo también de uso paródico de la Teoría, Pablo Martín Sánchez nos ofrece el relato titulado «Poesía métrica», expresión divertida con la que se hace referencia a la poesía «que se escribe en el metro». El relato acaba siendo un ingenioso análisis divulgativo de este tipo de poesía que, por razones obvias, solo puede ser cultivada en las grandes ciudades. Se incluye incluso un soneto métrico (escrito durante el trayecto de catorce estaciones, aunque también existen haikús para trayectos cortos) que aparece comentado al detalle en un curioso ejercicio de crítica literaria que utiliza algunos conceptos teóricos (yo poético, prolepsis, contexto espaciotemporal, etc.) para desvelar las claves configurativas del poema.

Todos estos textos paródicos incorporan de forma implícita un guiño de complicidad al lector entendido en Teoría, pues son una invitación a reírse de aspectos que solo pueden resultar graciosos si se conoce bien el contexto teórico de fondo. Una vez más, pues, asoma la idea de que las ficciones híbridas requieren un tipo de lector determinado, alguien con conocimientos teóricos suficientes para no quedar fuera de juego.

7.6. Uso estructural de la Teoría

Analizaremos ahora uno de los usos de la Teoría más logrados. Se trata de aquel en el que la Teoría forma cuerpo con la obra, como si el discurso teórico y el ficcional se entremezclaran hasta formar una red absolutamente compacta. Distinguir entre teoría y praxis, entonces, no tiene demasiado sentido, pues no se trata de que ciertas obras incorporen material teórico en su interior, sino de que esas obras se construyen teóricamente. La diferencia es sutil.

Ya en *El cuarto de atrás,* que se publicó en 1978, Carmen Martín Gaite demostró que podía usarse la Teoría como un componente más de la obra, como una pieza importante en el engranaje narrativo. No solo encontramos en la novela una evidente dimensión autorreferencial y metaliteraria que hace que «el acto de narrar y la exploración de sus resortes» adquieran gran importancia y asomen «repuntes teóricos» (Izquierdo, 2006: 16-17), sino que se abre paso también una dimensión fantástica que lleva a invocar la figura de Todorov, uno de los primeros estudiosos del género fantástico. La *Introducción a la literatura fantástica* de este autor se convierte en un estímulo para la narradora, que quiere escribir una novela de esas características y acaba siendo, precisamente, la que nosotros vamos leyendo, cuyo tema es, más allá del flirteo con lo fantástico, su propia urdimbre. Este es el pasaje en que entra en juego la obra de Todorov:

> Ahí está el libro que me hizo perder pie: *Introducción a la literatura fantástica* de Todorov, vaya, a buenas horas, lo estuve buscando antes no sé cuánto rato, habla de los desdoblamientos de la personalidad, de la ruptura de límites entre tiempo y espacio, de la ambigüedad y la incertidumbre; es de esos libros que te espabilan y te disparan a tomar notas, cuando lo acabé, escribí en un cuaderno: «Palabra que voy a escribir una novela fantástica [...]» (2006: 19).

Aunque enseguida la narradora diga que abandonó el proyecto meses después de leer el libro, lo cierto es que a partir de ese momento la lógica del género fantástico empieza a manifestarse en la novela y acabamos comprendiendo que estamos ante una obra en marcha que va construyéndose a medida que vamos leyéndola. De hecho, si Todorov destacaba la ambigüedad como un elemento clave de lo fantástico, *El cuarto de atrás* encierra una suma de ambigüedades que desconciertan al lector y muestran hasta qué punto Carmen Martín Gaite se había propuesto dialogar con un libro de teoría literaria para construir su novela. El misterioso hombre de negro que conversa con la protagonista afirma que en lo fantástico lo esencial es «atreverse a desafiar la incertidumbre» (2006: 46), y él mismo supone un desafío en este sentido, pues nunca llegamos a tener la certeza de si realmente existe o es fruto solo de la imaginación de la narradora. Así, quien afirma que «la ambigüedad es la clave de la literatura de misterio [...], no saber si aquello que se ha visto es verdad o mentira, no saberlo nunca» (2006: 49) es un personaje sumamente ambiguo que está contribuyendo a desplegar en el interior mismo de la novela la lógica de funcionamiento del género fantástico. En esa lógica, el cruce de fronteras imposibles (vida/muerte, sueño/vigilia, realidad/ficción, etc.) es a menudo el detonante de lo sobrenatural, y en *El cuarto de atrás* ese cruce se insinúa continuamente, sin aclararse nunca si ha llegado a producirse o no (¿se habrá dormido ya la víctima del insomnio con el que empezaba la novela y accedemos luego a su sueño?), una prueba más de cómo la novela ha asimilado su propia teoría y puede a la vez reflexionar sobre ella, explicitarla, y ponerla en práctica.

Cuando la narradora ve que el grabado de Lutero que tenía sujeto con chinchetas en la pared de su dormitorio está en otro lugar sin que nadie lo haya tocado, y cuando descubre que una frase que había escrito para la novela que está preparando ha desaparecido y ha sido sustituida por un conjuro extraído de una de las novelas ejemplares de Cervantes, lo sobrenatural empieza a manifestarse ya abiertamente y entra en conflicto con el funcionamiento de la realidad, provocando las reacciones habituales en los testigos de lo fantástico: inquietud, miedo, incredulidad, etc. En medio de esta situación, confiesa la protagonista: «[…] noto que las piernas me tiemblan y la cabeza se me va» (2006: 90). De nuevo es el hombre de negro quien remata el pasaje recordándonos indirectamente que uno de los objetivos principales de la literatura fantástica consiste en invitarnos a revisar nuestro paradigma de la realidad y asumir que pueden ocurrir cosas que juzgábamos imposibles:

> […] cosas raras pasan a cada momento. El error está en que nos empeñamos en aplicarles la ley de la gravitación universal, o la ley del reloj, o cualquier otra ley de las que acatamos habitualmente sin discusión; se nos hace duro admitir que tengan ellas su propia ley (2006: 90).

Esta dimensión fantástica se combina en la novela, gracias a las continuas digresiones de la narradora, con recuerdos de la posguerra, y del mismo modo que la lectura de Todorov había servido como estímulo para proyectar una novela fantástica, esos recuerdos inspiran en la protagonista el deseo de escribir un libro «sobre las costumbres y los amores de esa época» (2006: 111). Con un hábil gesto metaliterario, Carmen Martín Gaite muestra que los dos libros han acabado confluyendo en uno, la novela que estamos leyendo y va construyéndose a medida que la recorremos porque «las cosas solo valen mientras se están haciendo» (2006: 112):

> — […] Ahora sí que voy a escribir el libro.
>
> En seguida de decirlo, pienso que eso mismo le prometí a Todorov en enero. Claro que entonces se trataba de una novela fantástica. Se me acaba de ocurrir una idea. ¿Y si mezclara las dos promesas en una? (2006: 112).

Este ejemplo de Carmen Martín Gaite muestra ya un hábil uso de la Teoría en la ficción literaria del siglo XX, un uso en el que la Teoría deviene estructural y a la vez la estructura es también argumento. Este mismo camino ha sido transitado con acierto en el siglo XXI por varios autores. Ya hemos tenido ocasión de ver que en una novela como *Providence* la Teoría queda tan inscrita en la obra que el videojuego que aparece e invita a plantear reflexiones teóricas sobre la sustitución de la realidad por el simulacro acaba atrapando al protagonista. Cuando este acepta un pacto fáustico con «un misterioso agente del destino» que se presenta una noche en su apartamento, no sabe muy bien qué es lo que está pactando, pero le parece entender que ha vendido su alma (en realidad su «energía creativa» y toda su personalidad) a cambio de una vida plena llena de éxitos (2009: 63-69). Desde ese momento se inicia la inmersión de Álex Franco en el mundo virtual de un videojuego. El pacto empieza a hacerse efectivo, pero el precio que hay que pagar es mucho más alto de lo que se podría imaginar, pues el videojuego *Providence* promete a sus usuarios «la eternidad en el mundo virtual a cambio de su muerte en el mundo analógico, real» (Florenchie, 2013: 270). Al final de la novela sabemos que todo lo que existía en el cerebro de Álex Franco ha quedado depositado «en una red neuronal artificial», es decir: «transferido por entero a un dispositivo cibernético de alta volatilidad» (2009: 572).

Como ya hemos comentado, los planteamientos teóricos de Jean Baudrillard sobre el simulacro, sobre la desrealización de lo real en favor de lo virtual, y también las ideas de Fredric Jameson sobre la unión fatal del capitalismo tardío y la tecnología sobrevuelan las páginas de *Providence,* pero a la vez vemos que la historia que se cuenta en la novela está construida poniendo en práctica esas teorías, ilustrándolas, de manera que la imbricación entre Teoría y creación es absoluta. Incluso, como ha demostrado Amélie Florenchie, «la estructura de la novela imita la de un videojuego» (2013: 278). *Providence* es, pues, un claro ejemplo de cómo la Teoría puede ser usada como un material perfectamente articulado en el engranaje de la obra, formando parte de su configuración. Obras así desafían la oposición tradicional entre Teoría y práctica y ofrecen como alternativa a ese binarismo una unión indisoluble de ambos conceptos.

También la novela *Membrana,* de Jorge Carrión, es una clara muestra de obra literaria que trae incorporada su propia teoría ya de fábrica. La novela está narrada en su mayor parte por una inteligencia artificial, o quizás varias, o quizás todas, como se insinúa continuamente. Las inteligencias artificiales, convertidas en «arqueólogas sistemáticas de cada uno de los cien años que suman el siglo xxi» (2021: 177) han creado un museo de este siglo en medio de la selva amazónica, y en las salas de ese museo encontramos objetos de todo tipo y distintas obras artísticas de la alta cultura y de la cultura de masas, distinción que pierde todo su sentido en el contexto de la novela. Como la realidad del siglo xxi no puede entenderse sin las realidades previas, el museo acaba reflejando toda la historia de la humanidad. Lo más interesante es que, a través de lo expuesto en las salas del museo, accedemos a todos los relatos que explican el siglo xxi y comprendemos que este siglo no puede ser sino el resultado de haber tejido todos esos relatos. La idea de un tejido de textos cuyos hilos acaban formando una gran red es central en la novela, y conceptos como intertextualidad, apropiacionismo, proyecto rizomático, etc. sobrevuelan de alguna manera por todas sus páginas. Significativamente, muy al principio se habla de la *Fábula de Aracne* y del cuadro *Las hilanderas* de Velázquez, y aparecen estas palabras premonitorias:

> Todos se apropian de todo, qué es la cultura sino un robo incesante y necesario: también los hermeneutas, los críticos, los académicos que durante siglos fueron superponiendo capas de texto a las capas pictóricas del cuadro (2021: 20).

No es difícil advertir que la Teoría es central en la configuración de esta novela. A veces incluso asoma de forma muy explícita, como cuando advertimos que no es solo la realidad del siglo XXI conocida ya por nosotros la que aparece representada en el museo, sino también la que está por conocer, la realidad del futuro, con lo que entramos en el terreno de la ciencia ficción de carácter prospectivo, pues a partir de lo que ya conocemos (especialmente de los avances tecnológicos) la novela nos ofrece una historia absolutamente verosímil de lo que podría dar de sí el siglo actual. Esta ha sido siempre la clave en la ciencia ficción: especular sobre un futuro posible a partir del presente conocido. En el caso de *Membrana,* el nivel de verosimilitud alcanzado es tan elevado, se logra un efecto de realidad tan sorprendente, que en la misma novela se llega a afirmar que la ciencia ficción es el nuevo realismo.

En el capítulo titulado «La Cronología», se enumeran a velocidad de vértigo acontecimientos de muy distinta naturaleza, y ese rápido recorrido por momentos importantes de la humanidad nos muestra un diagnóstico muy preciso de las sociedades modernas desarrolladas, con los miedos, las amenazas, las inquietudes que acechan por todas partes y no sabemos hasta cuándo van a seguir al acecho. Tal vez por eso Carrión no solo flirtea con la ciencia ficción de carácter especulativo, sino también con la distopía, en el sentido de que desarrolla unos factores de nuestra sociedad que pueden ser potencialmente destructivos y los lleva hasta sus últimas consecuencias, aunque sin moralismos, sin el toque de aviso para navegantes que tiene habitualmente la ficción distópica; simplemente mostrando un futuro posible si las cosas siguen el rumbo que están siguiendo.

Inteligencia artificial, algoritmos, fusión de lo digital y lo analógico, la ciencia ficción vista como «el género más realista de nuestra época» (2021: 98), videojuegos exponenciales «literalmente infinitos» (2021: 100), posibilidad de una «empatía computacional» (2021: 109) que da lugar al amor entre inteligencias artificiales, pruebas evidentes, aunque incomprensibles, de la existencia de inteligencias alienígenas, etc., este es el mundo de *Membrana,* una novela que, sin hacer ostentación de la Teoría, se construye desde ella, con ella, incluyéndola de distintas maneras de principio a fin.

7.7. Uso hermenéutico de la Teoría

Analizaremos por último un uso de la Teoría que no corre a cuenta del autor, sino del lector, pues es él quien, en su aproximación al texto, descubre o entrevé algún aspecto teórico. Pasamos así del polo de la creación al de la recepción. Es el lector quien, a medida que recorre el texto, encuentra aspectos que le recuerdan algún concepto de la Teoría y, al establecer la relación, se da cuenta de que su lectura resulta más productiva. No importa entonces si el autor se planteó en algún momento el enfoque desde el que el lector interpreta la obra (puede que sí y puede que no); lo importante es que el conocimiento de la Teoría puede facilitar una lectura más experta, más provechosa, de mayor profundidad. Incluso es posible que la Teoría esté siendo usada por un camino indirecto, a través de la influencia de algún gran autor que luego es detectada por los críticos.

Un claro ejemplo de uso hermenéutico de la Teoría podría representarse con la lectura de la novela de Marta Sanz *Daniela Astor y la caja negra* a partir de la modalidad narrativa que Linda Hutcheon denominó *metaficción historiográfica* y a partir del concepto de *posmemoria* que divulgó Marianne Hirsch. En diversos trabajos, Álex Matas ha destacado la carga crítica de la auténtica metaficción historiográfica (otra cosa son los sucedáneos), su idoneidad para reflexionar a fondo sobre el pasado y reelaborarlo desde el convencimiento de que la historia, como la ficción, es una construcción humana. Precisamente invitar a una revisión de las versiones oficiales de la historia es lo que propone Marianne Hirsch a través de su idea de la posmemoria como motivación para escribir narraciones que muestren un presente histórico distinto al oficial gracias a estar configuradas desde el punto de vista de las víctimas de alguna injusticia.

Daniela Astor y la caja negra es, como se dice en la novela, «una historia sobre el adulto que llevan dentro todos los niños» (2020: 21). La protagonista, Catalina Hernández Griñán, narra desde sus doce años la fascinación que siente por el *glamour* de algunas «musas de la Transición» (2020: 42), las *celebrities* españolas de la época del destape: Amparo Muñoz, Blanca Estrada, Silvia Tortosa, Susana Estrada, Mónica Randall, etc. Imitándolas, se busca un nombre artístico: Daniela Astor. Su mejor amiga y ella pasan horas jugando a ser como esas mujeres a las que tanto admiran. Pero sabemos todo esto porque nos lo cuenta Catalina cuando tiene ya cincuenta años y decide proyectar su mirada hacia el pasado («Vuelvo la vista atrás. Tengo doce años») para reconstruir fielmente sus impresiones de niña ante el acontecimiento que quiere contar y también la ambientación histórico-sociológica que lo envolvió, con sus principales manifestaciones culturales y políticas. Y lo que quiere contar, y denunciar, es la situación de las mujeres que, como le ocurrió a su madre, quisieron abortar y encontraron todos los obstáculos posibles, tanto en el interior de la propia familia como, por supuesto, fuera, en una sociedad en la que el aborto estaba prohibido y penalizado con la cárcel.

Aparece como telón de fondo, invocado por una voz en *off* que va alternándose con la narración de Catalina, todo lo que rodeó a la época del destape, y si este fenómeno se presenta oficialmente como «un procedimiento de normalización y crítica de una sociedad mojigata y claustrofóbica», como un gesto de libertad, en la novela se pone en duda esta «coartada cultural» para mostrar cuerpos desnudos y se abre paso otra posibilidad, la de que el fenómeno no sea más que un gesto machista y ridículo:

El desnudo se transforma en destape cuando se vacía de sentido y de oportunidad, y sobre todo cuando se enfoca en primer plano la mirada del macho y el movimiento: la represión sexual, el morderse los labios y sacar los ojos de las órbitas ante la contemplación de un cuerpo de mujer, cada acción inhibida se desata, y hombrecillos feos corretean detrás de mujeres imponentes palpándoles el culo en un movimiento vertiginoso y circular, como si fueran muñecos de cuerda cuya cara, en un giro diabólico, es siempre la de Benny Hill (2020: 138-139).

Aquí vemos cómo actúa la posmemoria, cuestionando la verdad oficial y mostrando otros puntos de vista. En este sentido, el tema del aborto adquiere una dimensión especial y la posmemoria se manifiesta a través de Catalina, que desliza, desde su posición de víctima, o de hija de una víctima, su denuncia. La voz en *off* la ayuda en la empresa comentando la representación del aborto en el cine español, sobre todo en la película *Españolas en París,* que sirve para recordar el tratamiento tan truculento que recibía este tema en aquella época:

> El aborto en el cine español se retrata desde la sordidez y la parafernalia de la hechicería. El aborto son infecciones y desaprensivos médicos que fuman mientras practican un raspado a una mujer que llora y se siente humillada. Una mujer con las piernas abiertas que se desangrará lentamente subiendo la escalinata de una iglesia a la que ha acudido para arrepentirse de sus pecados (2020: 169-170).

Luego los datos no son ya ficción cinematográfica, sino dura realidad: «En 1976, unas 30.000 españolas al año abortaban en Londres, 300.000 lo hacían en España, y, de esas 300.000, unas 3.000 morían» (2020: 171). Los encarcelamientos fueron también numerosos. A Sonia Griñán, la madre de Catalina, le cayeron seis meses y un día. El padre abandonó a la familia (estaba demasiado integrado en el sistema como para comprender el grito de libertad de su esposa) y la niña tuvo que vivir con los padres de su mejor amiga mientras su madre estaba en la cárcel. La hija de la víctima fue otra víctima, una víctima que decide contar su experiencia personal (su versión de la historia) y desmontar la narrativa oficial para demostrar que durante la Transición aún quedaban restos bien vivos de «la moral pacata y represiva de los curas y del franquismo» (2020: 227). La rabia le hace ser muy clara en su sentencia: «La crueldad más sofisticada consiste en obligar a una mujer a parir, a cuidar, a querer a un hijo que nunca deseó» (2020: 240). La posmemoria como contramemoria crítica que desmonta las mentiras de la memoria oficial y ofrece su propia verdad se abre paso aquí con fuerza. Unas palabras que aparecen en la novela a propósito del caso concreto de Carmen Cervera adquieren una validez general: «Si no hay muertos en la cuneta, uno puede reescribir su historia como le dé la gana. Y contársela a sus parientes como si sus parientes no hubieran estado allí» (2020: 189).

En efecto, la historia siempre puede reescribirse para hacer tambalear el relato oficial. Es lo que hace Catalina. Ella pertenece a esa *generación de después* de la que hablaba Marianne Hirsch (aunque en el contexto del Holocausto) y viaja a la época en la que jugaba a ser Daniela Astor para recordar su relación con el trauma personal y colectivo de la generación anterior, la de su madre. A través de un archivo compuesto por imágenes, relatos, documentales, anuncios, comentarios sobre películas de cine, entrevistas, programas de televisión, etc., la voz en *off* va reconstruyendo críticamente la época de la Transición en la que creció Catalina y es así como la novela acaba convirtiéndose en un muy necesario acto de reparación y de reinterpretación de la historia. El caso concreto de Sonia Griñán, la madre de Catalina, se vuelve completamente transferible y todas las mujeres que fueron víctimas de la vigencia del código penal franquista durante la Transición quedan invocadas en estas páginas. No asoma nunca explícitamente el concepto de posmemoria, pero para quienes están familiarizados con él, ese concepto está ahí, la Teoría está ahí y ayuda a comprender mejor el objetivo último que persigue Marta Sanz con esta novela. Sin duda Álex Matas acierta de lleno al proponer un acercamiento a *Daniela Astor y la caja negra* como el que propone, proyectando en su análisis las reflexiones sobre la metaficción historiográfica y la posmemoria que han circulado con notorio éxito en sectores donde se trabaja con la Teoría.

Otro ejemplo de uso de la Teoría por parte del lector nos lo ofrece la novela *Blitz*, de David Trueba. El narrador asiste a un congreso sobre *Vida y jardín* en Múnich y, en un momento determinado, recuerda esta anécdota: «Creo que fue Robin Lane Fox el que preguntó en su clase de Oxford para qué servía un jardín y se encontró con la respuesta maravillosa de un alumno: para besarse» (2015: 44). Quien haya leído el libro de Roland Barthes *Cómo vivir juntos* probablemente recordará el uso que hace este teórico del concepto de *proxemia,* un neologismo propuesto por Edward Twitchell en 1966. Barthes entiende por *proxemia* el «conjunto de observaciones y teorías referidas al uso que el hombre hace del espacio en tanto producto cultural específico» (2003: 165). Que un beso justifique la existencia del jardín, que los jardines sean usados para besarse, es una magnífica manera de demostrar que los espacios pueden ser habitados afectivamente. De hecho, Barthes utiliza el concepto de *proxemia* para hablar de la subjetivización de los espacios que se produce cuando el sujeto los habita, algo que ocurre de forma muy evidente cuando nos referimos al espacio que nos rodea de manera más inmediata (nuestra casa, nuestra mesa de trabajo, nuestra cama, etc.), pero que también puede darse en el momento en que habitamos un pueblo o una ciudad. El lector de *Blitz* puede advertir esto último cuando el narrador de la novela sale a pasear por las calles de Múnich con una mujer a la que ha conocido en el congreso al que ha sido invitado y dice: «como sucede siempre, el recorrido por la ciudad fue un recorrido por nosotros», afirmación que enseguida encuentra un mayor desarrollo: «Hablábamos de edificios y hablábamos de nosotros. Nombrábamos un barrio y nombrábamos algo íntimo. Señalábamos algo afuera y estábamos señalando algo adentro» (2015: 106). Trueba no utiliza el concepto de *proxemia* en ningún momento, pero quien esté familiarizado con la obra de Barthes puede proyectarlo sobre las páginas de esta novela y comprobar lo bien que encaja allí. Su lectura, entonces, habrá estado condicionada por sus conocimientos sobre temas tratados por la Teoría.

Un caso muy parecido lo encontramos en la novela, ya varias veces comentada, *Fred Cabeza de Vaca,* de Vicente Luis Mora, en la que el protagonista plantea como una obra artística el diseño de su hogar, que acabará llamándose La casa plácida. La prioridad máxima es que la distribución de los espacios dé como resultado «un lugar apacible, tranquilo», y para «lograr el efecto desde un punto de vista constructivo» el artista

Cabeza de Vaca se inspira en la cómoda postura que ha adoptado su propio cuerpo en un momento de descanso, con lo cual la conexión entre el espacio que quiere construirse y los aspectos subjetivos de quien va a habitarlo no puede ser mayor. Con estas palabras lo explica Cabeza de Vaca en unas notas manuscritas:

> Anoche, viendo la tele hasta tarde, me sentía confortado, calmo, sosegado, arropado, en perfecta relajación. De la forma exacta en que deseo sentirme en mi propia casa. Analicé mi postura física en ese instante: reclinado hacia atrás en el sillón, repanchingado, lleno de abandono. Aunque no estoy gordo, ni mucho menos, podía advertir que un vistoso tripón combaba mi cintura, fruto de la posición derrengada. Estuve mirando y palpando mi tripa durante un rato. Pensé que era una especie de alerta corporal de comodidad. Es ahora cuando ato cabos y comprendo: lo que deseo es una casa con barriga. La planta de abajo será rechoncha, combada, con paredes curvas y abombadas. La de arriba, por el contrario, será más fina y tendrá un leve pandeo hacia atrás, como si estuviera en todo momento arrellanándose (2017: 114).

El arquitecto responsable de la construcción de La casa plácida decide finalmente añadir un detalle interesante: inclina ligeramente todas las líneas de las ventanas de la planta superior y logra así que la casa parezca «un torso humano repantingado», ofreciendo la imagen de «un cuerpo arquitectónico en descanso» absolutamente acogedor, pues invita «a dormir en su seno» (2017: 115). Imposible imaginar un espacio más subjetivo: un edificio que adopta la postura del cuerpo humano que sirvió de inspiración para construirlo.

Pensar los espacios ha sido un tema de gran interés para la Teoría y es lógico encontrarlo entonces en las ficciones que estamos comentando, ya sea implícitamente o de forma tan explícita como en el inicio de este fragmento de *Nocilla Dream*, de Agustín Fernández Mallo:

> Heidegger, y desde él toda la filosofía, distingue entre *espacio* y *lugar*. *Lugar* es un espacio que ya está habitado, hecho a la medida de su morador, impreso ya de una historia, personalidad y cultura particulares. Los filósofos posmodernos han calificado a una serie de lugares impersonales, como por ejemplo los grandes centros comerciales o los aeropuertos, como *no-lugares*, espacios idénticos en cualquier cultura y donde quiera que te los encuentres (2007: 170).

Vemos en medio de la ficción la alusión directa al concepto de *no-lugar* que Marc Augé puso en circulación para oponerlo al concepto antropológico de *lugar* y referirse a los nuevos espacios del anonimato que proliferan en las ciudades posmodernas, espacios fríos, alienantes, donde la multitud se concentra, pero ya no para comunicarse e interaccionar de algún modo, como ocurría en los lugares públicos de antes, sino por motivos relacionados con el ajetreo de la vida actual. Sobre la teoría de Augé escribe Vicente Luis Mora en *El lectoespectador*, y en *Pasadizos*, otro de sus ensayos, afirma que «la arquitectura es el medio ideal para transformar un lugar en un espacio», y a la vez asegura que la utilización del espacio va más allá de la arquitectura, la pintura y la escultura, pues «continúa hasta el texto» (2008: 42-44). A continuación, encontramos en este ensayo un extenso capítulo dedicado a «Los espacios en la literatura», y enseguida otro titulado «Una poética del espacio». Por último, recordemos que *Pasadizos* termina con un curioso «Abecedario incompleto sobre arquitectura y literatura», donde Vicente Luis Mora incluye la entrada «Hábitat» y dice allí cosas tan interesantes como que «todo poema, todo libro, es una *máquina de habitar,* tal como concibiera Le Corbusier la casa, y debe tener los mismos antropométricos y humanos fines» (2008: 168). Vemos así que con un autor como Vicente Luis Mora los mismos temas pueden pasar de un ensayo a una novela sin ningún problema, y esto es común en otros autores sensibles a la Teoría, como es el caso de Juan Francisco Ferré, Jorge Carrión o Agustín Fernández Mayo, por citar solo a unos cuantos.

Y ya que hablábamos hace un momento de nuevo de Vicente Luis Mora, veíamos antes que en *Fred Cabeza de Vaca* aparecen referencias directas a la Teoría, pero también las hay indirectas o al menos eso puede intuir el lector. Por ejemplo, el párrafo en el que se denuncia la falacia biográfica se repite hasta tres veces con algunas variantes y luego sabemos que se trata de tres borradores de la respuesta que Fred preparó para una entrevista y de los cuales el último fue el escogido para la publicación. Esto significa que en la novela se mantiene no solo la versión final de la respuesta, sino también las otras dos, las que fueron descartadas, de manera que esos borradores no han sido borrados de la obra que leemos, con lo que esta se convierte en una especie de palimsesto y, a la vez, la presencia de lo borrado viene a ser un ejemplo de cómo el silencio puede llegar a manifestarse.

Túa Blesa estudió a fondo esta cuestión en el ámbito de la poesía, abriendo una línea de investigación muy interesante para la teoría literaria. Durante las últimas décadas del siglo XX, detectó una serie de prácticas en la escritura poética que, al repetirse, empezaron a cuajar en tipos textuales claramente identificables y se convirtieron en síntoma de un fenómeno que estaba recorriendo la textualidad literaria de aquella época. Lo que la intuición de Túa Blesa captó fue que, de diversas maneras, todas esas prácticas textualizaban los trazos del silencio y daban paso así al gesto de la *logofagia,* con el que la escritura queda «sumida en una reflexión que la acalla, la dobla, la pliega, se la traga» (1998: 15). En el texto logofágico, «la textualidad se devora, se consume a sí misma, en un gesto de autoinmolación», explicó (1998: 15). Al estudiar las distintas formas de incorporación del silencio al texto, este teórico propuso diferentes figuras (en el sentido retórico del término), y las bautizó y describió con gran precisión, ejemplificándolas con varios textos poéticos que mostraban distintas modalidades de la logofagia.

Lo que vemos en *Fred Cabeza de Vaca* es que el gesto logofágico puede darse también en la narrativa, y no solo en el ejemplo citado, sino en muchas otras ocasiones. Por mostrar solo una más de ellas, en el Esqueje 21 de la novela vemos que cuando la narradora cuenta su encuentro con Marie Ronsard, una de las amantes de Cabeza de Vaca, al escribir deja también constancia de lo que ha suprimido (que marcamos aquí con un sombreado): «está claro que la relación con Fred le ha dejado huella, como a todas» (2017: 132), «Me pareció que tenía todo lo suficiente para ser feliz, pero estaba muy sola» (2017: 132).

De nuevo advertimos que, gracias al conocimiento teórico (en este caso vinculado al concepto de la logofagia), podemos apreciar mejor el procedimiento utilizado por el novelista, así que es la Teoría la que nos permite hacer una lectura más interesante de la obra. Lógicamente, en el uso hermenéutico de la Teoría es la competencia teórica de cada lector el factor clave, pues son sus conocimientos de los debates y conceptos teóricos los que pueden propiciar una lectura que puede resultar enriquecedora si contribuye a que veamos en la obra aspectos que pueden hacerla brillar más de lo que incluso su autor podía sospechar en el momento de escribirla. En este sentido, podríamos decir que el uso hermenéutico de la Teoría sería un ejemplo de lo que Umberto Eco llamó «el extraño caso de la *intentio lectoris*».

8. Coda

Decía Paul Ricoeur que investigar es como entrar en una conversación que no ha empezado con nosotros y que seguramente tampoco terminará con nosotros. Entramos en medio de la conversación, escuchamos lo que los otros dicen sobre el tema tratado y, cuando ya sabemos bastante y empezamos a tener una opinión propia, hablamos. Lo importante es que, al escucharnos, alguien pueda tomar como punto de partida lo que decimos para ir más allá, para aportar luz nueva a lo ya dicho.

Este principio básico que rige la dinámica de la comunidad investigadora ha animado la escritura de este libro. Lo escrito en él no es más (pero tampoco menos) que la aportación personal al estudio de un fenómeno relativamente reciente y que va claramente en aumento: el uso de la Teoría en la ficción literaria española del siglo XXI. Se ha abordado este fenómeno intentando una descripción precisa de todos los elementos que entran en juego (de qué Teoría se habla, quién la usa, con qué intención, qué antecedentes pueden señalarse, qué relaciones sistémicas se encuentran implicadas, qué procedimientos iniciaron este proceso) y estableciendo una tipología (posible) de los usos que pueden detectarse en un número bastante representativo de obras literarias publicadas durante el presente siglo y que, en cierto modo, muestran un arte nuevo de hacer literatura en este tiempo, por decirlo a la manera de Lope de Vega. Esta tipología ha sido esbozada como una invitación a que se siga profundizando en la búsqueda de huellas de la Teoría en la literatura española actual. Los ejemplos que hemos ido comentando nos han mostrado distintos caminos en el uso de la Teoría, pero seguro que pueden localizarse otros ejemplos que muestren otros caminos o que obliguen a corregir algunos de los aquí presentados. Cuanto más se afine la puntería, mejor podremos comprender el fenómeno estudiado. Lo decíamos antes: esto es solo la aportación personal a una conversación que no empezó con nosotros, una aportación que permanecerá a la espera de que otros vengan para ir más allá de lo dicho y avanzar en la investigación.

Ojalá que no tarden en llegar.

Bibliografía

AA. VV. (1971): *La Teoría,* Barcelona, Anagrama.

Adorno, T. (1982): «Lukács y el equívoco del realismo». En Lukacs, G.; Adorno, T. W.; Jakobson, R.; Fisher, E. y Barthes, R., *Polémica sobre el realismo,* Barcelona, Ediciones Buenos Aires.

Albèrés, R. M. (1971): *Metamorfosis de la novela,* Madrid, Taurus.

Amorós, A. (1974): *Introducción a la novela contemporánea,* Madrid, Cátedra.

Asensi, M. (1998): *Historia de la teoría de la literatura,* vol. 1, Valencia, Tirant lo Blanch.

—— (2006): *Los años salvajes de la teoría,* Valencia, Tirant lo Blanch.

Austin, J. L. (1990): *Cómo hacer cosas con palabras,* Barcelona, Paidós.

Ayala, F. (1990): «El novelista». En Ayala, F., *El escritor en su siglo,* Madrid, Alianza.

Bagunyà, B. (2015): *Restitucions de l'experiència en la narrativa metaficcional angloamericana (1955-1973)* (tesis doctoral no publicada), Universidad de Barcelona, Cataluña.

Bajtín, M. (1989): *Teoría y estética de la novela,* Madrid, Taurus.

Bal, M. (2009): *Conceptos viajeros en las humanidades. Una guía de viaje,* Murcia, Cendeac.

Baricco, A. (2008): *Los bárbaros. Ensayo sobre la mutación,* Barcelona, Anagrama.

Barthes, R. (1971): «Entrevista a Roland Barthes». En AA. VV., *La Teoría,* Barcelona, Anagrama.

—— (1999): *Mitologías,* Madrid, Siglo XXI.

—— (2003): *Cómo vivir juntos,* Madrid, Siglo XXI.

—— (2004): *Roland Barthes por Roland Barthes,* Barcelona, Paidós.

—— (2022): «Por una teoría de la lectura». En Barthes, R., *Variaciones sobre la escritura,* Barcelona, Paidós.

Binet, L. (2016): *La séptima función del lenguaje,* Barcelona, Seix Barral.

Blesa, T. (1998): *Logofagias. Los trazos del silencio,* Zaragoza, Tropelías.

Bonilla, J. (2009): *Tanta gente sola,* Barcelona, Seix Barral.

—— (2021): *El mejor escritor de su generación,* Sevilla, El Paseo Editorial.

Bourdieu, P. (1971): «Entrevista a Pierre Bourdieu». En AA. VV., *La Teoría,* Barcelona, Anagrama.

—— (1997): *Las reglas del arte. Génesis y estructura del campo literario,* Barcelona, Anagrama.

Bourneuf, R. y Ouellet, R. (1989): *La novela,* Barcelona, Ariel.

Bürger, P. (1997): *Teoría de la vanguardia,* Barcelona, Península.

Cabo Aseguinolaza, F. y Do Cebreiro, M. (2006): *Manual de Teoría de la Literatura,* Madrid, Castalia.

Cantavella, R. J. (2016): *La realidad. Crónicas canallas,* Barcelona, Malpaso.

Carrión, J. (2015): *Los turistas,* Barcelona, Galaxia Gutenberg.

—— (2021): *Membrana,* Barcelona, Galaxia Gutenberg.

Casas, A. (ed.) (2012): *La autoficción. Reflexiones teóricas,* Madrid, Arco/Libros.

—— (2014): *El yo fabulado. Nuevas aproximaciones críticas a la autoficción,* Madrid, Iberoamericana.

Cebrián, M. (2022): *Cocido y violonchelo,* Barcelona, Random House.

Clarín, L. A. (1987): *Mezclilla,* Barcelona, Lumen.

Compagnon, A. (2015): *El demonio de la teoría. Literatura y sentido común,* Barcelona, Acantilado.

Cordón, S. (2018): *Para español, pulse 2,* Barcelona, Caballo de Troya.

Culler, J. (2014): *Breve introducción a la teoría literaria,* Barcelona, Austral.

Christoff, D. (1979): *Husserl,* Madrid, EDAF.

D'Angelo, P. (1999): *La estética del Romanticismo,* Madrid, Visor.

Dutt, C. (ed.) (1993): *En conversación con Hans-Georg Gadamer,* Madrid, Tecnos.

Eagleton, T. (2005): *Después de la Teoría,* Barcelona, Debate.

Eco, U. (1987): «El extraño caso de la *intentio lectoris*». *Revista de Occidente,* n.º 69, pp. 5-28.

——— (1993): *Lector in fabula,* Barcelona, Lumen.

Eichenbaum, B. (1980): «La teoría del *método formal*». En Todorov, T. (ed.), *Teoría de la literatura de los formalistas rusos,* Madrid, Siglo XXI.

Eliot, T. S. (1950): «Tradition and individual talent». En Eliot, T. S., *The sacred wood,* Londres, Methuen & Coltd.

Even-Zohar, I. (1999): «Factores y dependencias en la cultura. Una revisión de la Teoría de los Polisistemas». En Iglesias Santos, M. (comp.), *Teoría de los polisistemas,* Madrid, Arco/Libros.

Fernández Mallo, A. (2007): *Nocilla Dream,* Barcelona, Candaya.

——— (2009a): *Postpoesía. Hacia un nuevo paradigma,* Barcelona, Anagrama.

——— (2009b): *Nocilla lab,* Madrid, Alfaguara.

——— (2018): «A qué llamo y a qué no llamo fragmentarismo». En Iacob, M. y Posada, A. R. (eds.) : *Narrativas mutantes: anomalía viral en los genes de la ficción,* Bucarest, Ars Docendi.

Fernández Porta, E. (2007): *Afterpop. La literatura de la implosión mediática,* Córdoba, Berenice.

Ferré, J. F. (2009): *Providence,* Barcelona, Anagrama.

——— (2011): *Mímesis y simulacro. Ensayos sobre la realidad (del Marqués de Sade a David Foster Wallace),* Benalmádena Costa, EDAlibros.

Florenchie, A. (2013): «El realismo Full HD de Juan Francisco Ferré». *Pasavento,* vol. 1, n.º 2, pp. 265-281.

Fokkema, D. W. e Ibsch, E. (1981): *Teorías de la literatura del siglo XX,* Madrid, Cátedra.

Foster Wallace, D. (2014): *Entrevistas breves con hombres repulsivos,* Barcelona, Penguin Random House.

Gadamer, H. G. (1994): *Verdad y método II,* Salamanca, Sígueme.

García Rodríguez, J. (2002): «Apuntes para la caracterización de la literatura de campus con un muestrario (necesariamente) incompleto de obras». *Clarín. Revista de Nueva Literatura,* n.º 37, pp. 3-13.

——— (2009): *Mutatis mutandis,* Zaragoza, Eclipsados.

——— (2011): *Barra americana,* Barcelona, DVD Ediciones.

———— (2015): «Escribe cien veces: no me reiré de los profesores». *Pasavento,* vol. III, n.º 2, pp. 273-293.

———— (2017a): *Literatura con paradiña. Hacia una crítica de la razón crítica,* Salamanca, Delirio.

———— (2017b): *En realidad, ficciones (textos e imágenes en la ficción contemporánea),* Oviedo, Septem Ediciones.

———— (2018): *La mano izquierda es la que mata,* Gijón, Trea.

———— (ed.) (2020): *Intersecciones. Relaciones de la Literatura y la Teoría,* Oviedo, Ediciones de la Universidad de Oviedo.

González de Ávila, M. (2002): «Introducción periférica a la teoría literaria». *Anthropos,* n.º 196, pp.18-31.

Husserl, E. (1994): *Problemas fundamentales de la fenomenología,* Madrid, Alianza.

Iacob, M. (2018): «*Ideología proyectiva y rasgos recesivos* en los productos culturales de Agustín Fernández Mallo». En Iacob, M. y Posada, A. R. (eds.), *Narrativas mutantes: anomalía viral en los genes de la ficción,* Bucarest, Ars Docendi.

Iacob, M. y Posada, A. R. (eds.) (2018a): *Narrativas mutantes: anomalía viral en los genes de la ficción,* Bucarest, Ars Docendi.

———— (2018b): «La escritura mutante en la era del software». En Iacob, M. y Posada, A. R. (eds.), *Narrativas mutantes: anomalía viral en los genes de la ficción,* Bucarest, Ars Docendi.

Ilasca, R. (2018): «La poética reticular de Jorge Carrión, Agustín Fernández Mallo y Vicente Luis Mora: del fragmento al proyecto mutante». En Iacob, M. y Posada, A. R. (eds.), *Narrativas mutantes: anomalía viral en los genes de la ficción,* Bucarest, Ars Docendi.

Iser, W. (1987): *El acto de leer,* Madrid, Taurus.

Izquierdo, L. (2006): «Introducción». En Martín Gaite, C., *El cuarto de atrás,* Barcelona, Destino.

James, H. (1975): *El futuro de la novela,* Madrid, Taurus.

Krysinski, W. (1997): *Encrucijada de signos. Ensayos sobre la novela moderna,* Madrid, Arco/ /Libros.

———— (1998): *La novela en sus modernidades. A favor y en contra de Bajtin,* Madrid, Iberoamericana.

Lévi-Strauss, C. (1971): «Entrevista a Claude Lévy-Strauss». En AA. VV., *La Teoría,* Barcelona, Anagrama.

Lodge, D. (1998): *El arte de la ficción,* Barcelona, Península.

Lyotard, J. F. (1971): «Entrevista a Jean-François Lyotard». En AA. VV., *La Teoría,* Barcelona, Anagrama.

Martín Gaite, C. (2006): *El cuarto de atrás,* Barcelona, Destino.

Martín Sánchez, P. (2011): *Fricciones,* Benalmádena Costa, EDAlibros.

Méndez, S. (2017): *Literatura universal,* Barcelona, Anagrama.

Mora, V. L. (2008): *Pasadizos,* Madrid, Páginas de Espuma.

———— (2011): *El lectoespectador. Deslizamientos entre literatura e imagen,* Barcelona, Seix Barral.

———— (2017): *Fred Cabeza de Vaca*, Madrid, Sexto Piso.

———— (2018): «La narrativa mutante: recepción y crítica». En Iacob, M. y Posada, A. R. (eds.), *Narrativas mutantes: anomalía viral en los genes de la ficción*, Bucarest, Ars Docendi.

———— (2022): *Teoría*, Sant Boi de Llobregat, Mixtura Editorial.

Orejas, F, G. (2003): *La metaficción en la novela española contemporánea*, Madrid, Arco/Libros.

Orejudo, A. (2012): *Un momento de descanso*, Barcelona, Tusquets.

Ortega y Gasset, J. (1956): *Meditaciones del Quijote e Ideas sobre la novela*, Madrid, Revista de Occidente.

Pantel, A. (2016): «De la generación Nocilla a la literatura mutante». *Ínsula*, n.º 835-836, pp. 32-35.

Pavel, T. (2005): *Representar la existencia. El pensamiento de la novela*, Barcelona, Crítica.

Pérez Álvarez, J. M. (2014): *Examen Final*, Órgiva, Trifolium.

Pouillon, J. (1970): *Tiempo y novela*, Buenos Aires, Paidós.

Posada, A. R. (2018): «Metáforas baumanianas». En «*Nocilla experience* de Agustín Fernández Mallo», en Iacob, M. y Posada, A. R. (eds.), *Narrativas mutantes: anomalía viral en los genes de la ficción*, Bucarest, Ars Docendi.

Pozuelo Yvancos, J. M. (2017): *Novela española del siglo XXI*, Madrid, Cátedra.

Proust, M. (2009): *En busca del tiempo perdido. El tiempo recobrado*, Barcelona, Lumen.

Pueo, J. C. (2002): *Los reflejos en juego (una teoría de la parodia)*, Valencia, Tirant lo Blanch.

Reyes, A. (2009): *La experiencia literaria y otros ensayos*, Madrid, Fundación Banco de Santander.

Ricoeur, P. (1997): «Fenomenología y hermenéutica». En Aranzueque, G. (ed.), *Horizontes del relato. Lecturas y conversaciones con Paul Ricoeur*, Madrid, Cuaderno gris.

Roas, D. (2007): *Horrores cotidianos*, Palencia, Menoscuarto.

Robbe-Grillet, A. (1973): *Por una nueva novela*, Barcelona, Seix Barral.

Ródenas, D. (1998): *Los espejos del novelista. Modernismo y autorreferencia en la novela vanguardista española*, Barcelona, Península.

———— (2012): «La novela póstuma o el mal de Vila-Matas». ·En Casas, A. (ed.), *La autoficción. Reflexiones teóricas*, Madrid, Arco/Libros.

Rosa, I. (2018): *Feliz final*, Barcelona, Seix Barral.

Said, E. (2004): *El mundo, el texto y el crítico*, Madrid, Debate.

Samoyault, T. (2001): *L'intertextualité. Mémoire de la littérature*, París, Armand Colin.

Sánchez Ungidos, G. (2018): «Teoría y ficción híbrida. El proyecto Nocilla, una poética transpoética y metanarrativa». En Brito, B.; Montes, J. C. y Ortega, J. L. (coords.), *Todos los siglos de la lluvia: El canon en la literatura hispánica*, Sevilla, Renacimiento.

———— (2021): «"Fricciones académicas". La permeabilidad de la ficción (o de la teoría) en la escritura de Javier García Rodríguez». *Castilla. Estudios de Literatura*, n.º 12, pp. 1-28. Recuperado de: <https://doi.org/10.24197/cel.12.2021.1-28>.

———— (2023): *Confabulaciones discursivas. Integración de la teoría literaria en las derivas de la ficción contemporánea* (tesis doctoral no publicada), Universidad de Oviedo, Principado de Asturias.

Sanz, M. (2020): *Daniela Astor y la caja negra*, Barcelona, Anagrama.

Shklovski, V. (1980): «El arte como artificio». En Todorov, T. (ed.), *Teoría de la literatura de los formalistas rusos,* Madrid, Siglo XXI.

Schlegel, F. (1983): «Diálogo sobre la poesía». En Schlegel, F., *Obras Selectas,* vol. I, Madrid, Fundación Universitaria Española.

Solervicens, J. (2018): *Metaficció: Renaixement i Barroc,* Barcelona, Punctum.

Taranilla, R. (2015): *Mi cuerpo también,* Barcelona, Los libros del lince.

—————— (2020): *Noche y océano,* Barcelona, Seix Barral.

Todorov, T. (ed.) (1980): *Teoría de la literatura de los formalistas rusos,* Madrid, Siglo XXI.

Trueba, D. (2015): *Blitz,* Barcelona, Anagrama.

Usón, C. (2018): *El asesino tímido,* Barcelona, Seix Barral.

Valls, F. (2016): «La nueva novela en un país difícil». *Ínsula,* n.º 835-836, pp. 2-3.

Vara, N. (2014): «Formulaciones paródicas al servicio de la autoficción: la propuesta de Enrique Vila-Matas». En Casas, A. (ed.), *El yo fabulado. Nuevas aproximaciones críticas a la autoficción,* Madrid, Iberoamericana.

Vázquez García, F. (2021): *Cómo hacer cosas con Foucault. Instrucciones de uso,* Madrid, Dado Ediciones.

Veres, L. (2015): *El sentido de la metaficción,* Madrid, Biblioteca Nueva.

Vila-Matas, E. (2002): *El mal de Montano,* Barcelona, Anagrama.

—————— (2010a): *Perder teorías,* Barcelona, Seix Barral.

—————— (2010b): *Dublinesca,* Barcelona, Seix Barral.

—————— (2012): *Aire de Dylan,* Barcelona, Seix Barral.

—————— (2022a): *Montevideo,* Barcelona, Seix Barral.

—————— (2022b): «Entrevista a Vila-Matas». *La Vanguardia,* 1 de septiembre de 2022.

Villanueva, D. (1991): *El polen de ideas. Teoría, crítica, historia y literatura comparada,* Barcelona, PPU.

Wahnón Bensusan, S. (1991): *Introducción a la historia de las teorías literarias,* Granada, Universidad de Granada.

Wellek, R. (1973): *Historia de la crítica moderna (1750-1950). El romanticismo,* vol. 2, Madrid, Gredos.

Williams, R. (2013): *Lectura y crítica,* Buenos Aires, Ediciones Godot.

Yahalom, S. (1999): «De lo no-literario a lo literario. Sobre la elaboración de un modelo novelístico en el siglo XVIII». En Iglesias Santos, M. (comp.), *Teoría de los polisistemas,* Madrid: Arco/Libros.

Zéraffa, M. (1973): *Novela y sociedad,* Buenos Aires, Amorrortu.

Zuckerman, A. (1996): *Cómo escribir un bestseller. Las técnicas del éxito literario,* Barcelona, Grijalbo.